MW00721181

APPROBATION DE Mgr DUPANLOUP.

MON CHER AMI,

J'applaudis de grand cœur à la pensée que vous avez eue d'emprunter à sainte Thérèse et à saint François de Sales les motifs qui doivent inspirer aux âmes pieuses l'amour de l'oraison, et les règles qui peuvent leur en faciliter l'usage.

Il était difficile de mieux répondre à ces imprudents novateurs qui spéculent sur une piété naïve et confiante, qu'en opposant à leurs publications vides ou stériles, les immortels chefs-d'œuvre de nos maîtres dans la vie spirituelle.

Vos méthodes de retraite pourront être également d'une réelle utilité, maintenant que ces pieux exercices tendent à se populariser et à devenir plus fréquents.

Tout à vous en N.-S.

FÉLIX, *évêque d'Orléans.*

L'ORAISON MENTALE

d'après

SAINTE THÉRÈSE ET SAINT FRANÇOIS DE SALES

PAR

M. L'ABBÉ V. ROCHER

CHANOINE HONORAIRE D'ORLÉANS

~~~~~

> Para aprovechar en este camino,
> no esta la cosa en pensar mucho
> sino en amar mucho.
>
> *Pour avancer dans ce chemin,
> l'essentiel n'est pas de penser beau-
> coup, mais d'aimer beaucoup.*
>
> Ste THÉRÈSE, Chât. Int.

BIBLIOTHÈQUE S..
Les Fontaines
60 - CHANTILLY

PARIS

C. DILLET, LIBRAIRE-ÉDITEUR

15, RUE DE SÈVRES, 15

—

1869

Le Père Faber, parlant des ouvrages
de piété, dit qu'il faut, de préférence, lire
ceux des saints, parce que les saints, à
l'exemple de Notre-Seigneur, ont commencé par faire ce qu'ils ont ensuite enseigné.

Or, même parmi les livres pieux dus à
la plume des saints, il n'en est point de
supérieurs à ceux de sainte Thérèse, soit
par l'autorité, soit par l'élévation et la
sûreté de leur doctrine. Mais les écrits de
cette femme admirable sont trop volumi-
neux pour se trouver entre les mains de
tous les fidèles, ses enseignements sont

1

souvent trop relevés pour être à leur portée, et cependant tous peuvent y puiser
des instructions et des conseils extrêmement salutaires.

Il nous a semblé que peut-être il ne serait pas inutile d'extraire quelques-unes
de ces pages où la raison la plus ferme
s'unit à la foi la plus vive, à l'amour le
plus ardent. Nous avons choisi celles qui
traitaient de l'Oraison mentale ou Méditation, parce que, après les sacrements, cet
exercice est le fondement, comme la vie
de la véritable piété.

Ces extraits mis en ordre, autant que
le permet la manière de procéder de
sainte Thérèse, feront (du moins c'est
notre espoir) une lecture agréable et utile,
accessible à toutes les personnes qui s'a-
donnent à l'oraison.

Nous nous sommes attaché à reproduire, aussi fidèlement que possible, dans notre traduction, la concision et l'énergie du texte espagnol, au risque même de sacrifier un peu l'élégance. Nous n'y avons rien ajouté, nous n'avons rien amplifié : à peine nous sommes-nous permis d'intercaler quelques mots çà et là pour faire les transitions ou éclaircir une pensée obscure.

Comme explication et confirmation, tout à la fois, de la doctrine de sainte Thérèse, nous avons pris, dans les œuvres de saint François de Sales, ce que ce grand directeur des âmes a écrit de plus pratique sur l'oraison mentale.

Enfin, nous avons ajouté à tous ces extraits un règlement de vie pour les personnes du monde et des méthodes simples et faciles, soit pour entendre la messe, soit pour faire la lecture méditée, la retraite du mois et la retraite annuelle.

Si cet humble travail peut être de quelque utilité pour la gloire de Dieu et le
salut des âmes, il aura reçu sa meilleure
et aussi sa plus douce récompense.

Orléans, le 21 novembre 1868,
en la fête de la Présentation de la Ste Vierge.

PREMIÈRE PARTIE
Exhortations pour engager à faire oraison.
Dispositions préparatoires

—

CHAPITRE PREMIER

Nécessité et avantage de l'Oraison mentale (1).

Avant de traiter expressément de l'oraison, je voudrais faire comprendre le grand bien que Dieu fait aux âmes en les disposant à s'adonner énergiquement à ce saint exercice. Malheureusement il en est beaucoup qui ne le connaissent point, qui

(1) Sainte Thérèse ne se sert pas ordinairement de cette expression : *oraison mentale ;* cependant nous avons cru devoir l'appliquer constamment à ce qu'elle entend par *le premier degré d'oraison :* car ce premier degré n'est pas autre chose que l'*oraison mentale* ou oraison des commençants.

le redoutent même ; ce sont celles-là que
je conjure, pour l'amour du Seigneur,
de ne pas se priver d'un si grand avantage. Il n'y a là rien à craindre, il n'y a
qu'à désirer, qu'à gagner. Car, quand
même elles ne persévéreraient pas, quand
même elles ne mériteraient pas, en s'efforçant d'arriver à la perfection, les joies
et les faveurs que Dieu accorde aux parfaits, elles n'en prendront pas moins peu
à peu le chemin du ciel; et, si elles persévèrent, j'espère tout de la miséricorde
de Dieu, dont jamais personne ne s'est fait
l'ami sans en être récompensé.

Selon moi, l'oraison n'est pas autre
chose qu'un commerce d'amitié, dans lequel nous témoignons souvent, et seul à
seul avec Dieu, notre affection à celui de
qui nous sommes sûrs d'être aimés. Vous
ne l'aimez pas encore, direz-vous. Rien
d'étonnant; car pour que l'amour soit
vrai et l'amitié durable, il faut égalité de

conditions : or la nature de Dieu, on le comprend, est de n'avoir aucun défaut, tandis que la nôtre est vicieuse, sensuelle et ingrate. Si donc vous ne pouvez parvenir à l'aimer autant qu'il faudrait, parce qu'il est au-dessus de vous, du moins, en considérant combien il vous est avantageux de posséder son amitié, et combien il vous aime, ne reculez pas devant la peine de rester longtemps en présence de celui qui est si différent de vous.

O bonté infinie de mon Dieu ! quelle générosité de votre part de souffrir la présence de celui qui ne veut point de la vôtre ! Quel excellent ami il faut que vous soyez, Seigneur, pour le souffrir et l'aimer ainsi ! Vous attendez qu'il se rapproche de votre nature parfaite, et, en attendant, vous supportez son infériorité ! Vous tenez compte des moindres instants qu'il vous donne, et un seul moment de repentir vous fait oublier toutes ses of-

fenses. Je l'ai clairement éprouvé pour
moi, et je ne comprends pas, ô mon Créateur, pourquoi tout le monde n'aspire pas
à s'approcher de vous par cette intime
amitié.

Que les mondains, qui ont une nature si
différente de la vôtre, passent avec vous,
ne fût-ce que deux heures par jour (beaucoup moins même), vous les rendrez bons
et ils aimeront votre présence, bien qu'ils
soient distraits, comme je l'étais, par
mille préoccupations et des pensées pro-
fanes (1).

(1) Saint François de Sales conseillait ordinairement *une heure* d'oraison, mais il modé-
rait cette règle suivant les circonstances. — Il
écrivait à madame *Rose Bourgeois* toujours
malade et ne quittant guère la chambre, de ne
point faire *durer sa méditation au delà de
trois quarts d'heure.* — A la première prési-
dente *Bruslard*, obligée par sa position d'aller
dans le monde, il disait : « Il me semble que,
faisant le matin *une demi-heure d'oraison*,
vous devez vous contenter d'entendre tous les

En considération de cette peine qu'ils s'imposent pour rester en si bonne compagnie (dans les commencements on ne peut faire mieux, ni quelquefois même dans la suite), empêchez, Seigneur, le démon de les attaquer; faites qu'il conserve chaque jour moins de prise sur eux, donnez-leur la force de le vaincre (1).

Puisque l'oraison est un si grand bien

jours une messe. » Il lui demande *une heure* après qu'elle a fait des progrès dans la vie chrétienne. — « Il suffira, écrivait-il à une autre dame, que vous employiez à la méditation *une petite demi-heure* chaque jour ou *un quart d'heure.* *Vie de sainte Chantal*, par M. l'abbé Bougaud, tome 1er, p. 171-172.

C'est dire que chacun doit faire ce qu'il peut, mais *tous doivent faire quelque chose*, ainsi que s'exprime sainte Thérèse elle-même. Voyez ci-après, chapitre II.

(1) *Vie de sainte Thérèse*, écrite par elle-même, ch. VIII, p. 27. Nous suivons pour nos indications les chapitres et la pagination de l'édition espagnole, sur laquelle nous avons fait notre traduction. — Édition de Bruxelles, 1675.

pour ceux qui offensent Dieu au lieu de le
servir, puisque même elle leur est si nécessaire, puisque personne ne peut dé-
couvrir dans cet exercice un danger plus
grand que celui de le négliger; quelle
raison auront donc de l'abandonner ceux
qui servent le divin Maître et veulent lui
rester fidèles? Je ne puis comprendre une
pareille conduite, à moins donc que ce ne
soit pour sentir plus vivement les amer-
tumes de la vie ou pour empêcher Dieu
de leur donner les contentements que l'on
trouve dans la pratique de l'oraison. Certes je les plains, ils servent le Seigneur
à leurs dépens; tandis que si l'on s'applique à l'oraison, Dieu, pour un peu de travail, accorde une satisfaction qui fait oublier la fatigue.

L'oraison est le moyen par lequel on
peut obtenir les grâces les plus grandes,
semblables à celles que Dieu m'a faites;
mais si l'on ferme cette porte, je ne sais

comment il les accordera. Car bien qu'il aime à entrer dans une âme pour s'y complaire et la combler de bienfaits, tout chemin lui est fermé, si cette âme ne s'adonne point à l'oraison ; le Seigneur, en effet, veut la trouver seule, pure et avec un grand désir d'obtenir ces faveurs. Mais si nous lui opposons beaucoup d'obstacles, si nous ne faisons rien pour les écarter, comment peut-il venir jusqu'à nous ? Comment voulons-nous aussi qu'il nous accorde de grandes grâces (1)..

CHAPITRE II

Il faut commencer avec la résolution de ne jamais abandonner l'oraison.

Maintenant, pour entrer dans le chemin de l'oraison, pour ne point s'égarer dès le principe, disons un peu comment il faut débuter dans cette carrière ; car c'est

(1) *Vie*, ch. VIII, p. 29.

là le plus important, c'est de là que dépend tout le reste.

La première disposition, c'est d'avoir
une grande et ferme résolution de ne point
s'arrêter avant d'avoir atteint le but (l'u-
nion à Dieu), quelque chose qui arrive,
quelque événement qui survienne, quelque fatigue qu'on éprouve, quelques murmures que l'on excite, quand même on ne
se sentirait pas le courage de vaincre les
difficultés qui se présentent, quand on
devrait mourir, quand le monde entier
devrait s'abîmer (1).

Cependant, celui qui n'aurait pas cette
ferme détermination dont je parle, ne doit
pas laisser d'entreprendre ce voyage : le
Seigneur lui donnera peu à peu des dispositions plus parfaites ; et quand même il
ne ferait qu'un pas, ce pas a en lui-même
une telle puissance, qu'il ne doit pas
craindre de perdre sa peine et de n'en

(1) *Vie*, ch. VIII, p. 29.

être point récompensé. C'est comme celui
qui a un chapelet indulgencié ; s'il le dit
une fois, il gagne une fois les indulgences
qui y sont attachées ; plus il le dit, plus
il en gagne. Mais si au lieu de le réciter
il le laisse dans une boîte, autant vau-
drait-il n'en pas avoir du tout. Ainsi,
quand même celui qui commence à faire
oraison ne continuerait pas à suivre le
même chemin, le peu qu'il y aura marché
l'éclairera pour se bien conduire dans les
autres, et plus il y aura marché, plus il
sera éclairé. Enfin s'il le quitte, il peut
être certain que ce commencement ne lui
causera aucun préjudice, car le bien ne
peut produire le mal (1).

Je reviens à ce que je disais d'abord :
il est très-important de commencer l'o-
raison avec la ferme résolution d'aller
jusqu'à la fin, et cela pour tant de raisons qu'il serait beaucoup trop long de

(1) *Chemin de la perfection*, ch. XXI, p. 244.

les dire ici. Je ne veux en exposer que deux ou trois.

Voici la première. Lorsque nous voulons donner une chose à ce Dieu qui nous a tant aimés, lorsque nous voulons lui consacrer un peu de temps (et certes ce n'est pas désintéressement de notre part, puisque nous en retirons de si grands avantages), est-il raisonnable, au lieu de lui en faire un complet abandon, de lui donner comme quelqu'un qui prête pour reprendre ensuite ? A mon avis cela n'est pas donner. Quand on a prêté une chose à quelqu'un, on lui cause toujours quelque déplaisir en la lui reprenant, surtout si elle lui est utile et s'il la considérait déjà comme sienne. Mais si ce sont deux amis, si celui qui a prêté est lui-même redevable à l'autre de nombreux bienfaits, quel cœur étroit, quelle indifférence il montrera s'il refuse de laisser comme gage d'amitié entre les mains de son ami un ob-

jet qui appartient déjà à cet ami lui-
même ? Quelle est l'épouse qui, ayant reçu
de son mari un grand nombre de joyaux
précieux, ne voudrait pas lui donner un
simple anneau, non pas en considération
de sa valeur, car tout ce qu'elle a est à
son époux, mais comme un gage de sa
fidélité jusqu'à la mort ?

Le Seigneur mérite-t-il donc moins,
pour que nous osions nous moquer de lui,
en lui donnant, puis en reprenant ce rien
que nous lui avons donné ? Et pour un peu
de temps que nous nous décidons à lui
consacrer, combien en perdons-nous avec
d'autres qui ne nous en sauront aucun
gré ! Mais puisque nous voulons lui donner ces courts instants, que ce soit avec
un esprit libre, débarrassé d'autres pensées, et avec une entière résolution de ne
jamais les lui reprendre, quelles que
soient les peines, les contradictions et les
sécheresses qui peuvent nous assaillir.

Nous devons regarder ce temps comme ne nous appartenant plus, et penser qu'on pourrait nous le demander en justice, si nous ne voulions pas en consacrer un seul instant à Dieu. Je dis *un seul instant*, afin qu'on ne croie pas que ce soit déjà reprendre ce que l'on a donné que de cesser de faire oraison pendant un ou plusieurs jours, soit pour des occupations légitimes, soit à cause de quelque indisposition. Mon Dieu n'est ni difficile ni minutieux; que la résolution soit ferme, et il devra vous en savoir gré, car c'est encore faire pour lui quelque chose.

Quant à ceux qui, loin d'être généreux, sont au contraire assez avares pour ne pouvoir donner, il leur suffira de prêter; enfin, *qu'ils fassent quelque chose*. Notre Seigneur tient compte de tout et fait tout selon nos désirs. Loin d'être exigeant. lorsqu'il nous demande nos comptes, il est au contraire très-généreux; quelle que soit notre dette, il n'hésite pas à nous la remettre pour nous gagner. Il est si attentif, que le moindre regard vers le ciel, accompagné d'un souvenir du cœur, ne restera pas sans récompense.

La seconde raison pour laquelle nous devons persévérer dans l'oraison, c'est qu'avec elle le démon ne peut plus aussi facilement nous tenter. Il craint beaucoup les âmes résolues : il sait par expérience qu'elles lui causent un grand préjudice ; tous les moyens qu'il emploie pour leur nuire se tournent à leur profit et à celui de beaucoup d'autres, et il se retire avec perte du combat qu'il leur livre.

Cependant nous ne devons pas laisser de nous tenir sur nos gardes, ni mettre trop notre confiance dans ces avantages, car nous avons affaire à un ennemi sans foi ni loyauté. Il n'oserait attaquer ceux qui sont préparés au combat, car il est très-lâche, mais s'il voyait quelqu'un sans dé-

2

fense, il lui ferait beaucoup de mal. S'il
reconnaît qu'une âme est inconstante,
qu'elle n'est pas ferme dans la bonne voie
et dans la résolution de persévérer, il lui
inspirera des craintes, lui opposera des
obstacles sans fin et ne lui laissera aucun
repos. Je le sais très-bien par expérience;
aussi je parle en connaissance de cause, et
je dis qu'on ne comprend pas combien ce
point est important.

La troisième raison est également d'un
très-grand poids : A l'aide de l'oraison.
on combat avec plus de courage, sachant
que, quoi qu'il arrive, on ne reculera pas.
C'est comme un homme qui, dans une bataille, saurait qu'en cas de défaite on ne
lui fera pas grâce de la vie, et que s'il ne
meurt pas pendant le combat, il mourra
après; cet homme se battra avec plus de
résolution ; il voudra, comme on dit, ven-
dre chèrement sa vie, et il ne craindra
pas autant les coups, car il comprend l'im-

portance de la victoire et sait que sa vie en dépend.

Il est nécessaire aussi de commencer l'oraison avec la ferme conviction que nous viendrons à bout de notre entreprise, si nous ne nous laissons pas vaincre. Cela ne souffre aucun doute, puisque, quelque petite que soit notre part du butin, nous serons encore très-riches. Ne craignez pas que le Seigneur vous laisse mourir de soif, il nous invite au contraire à nous désaltérer à cette fontaine de l'oraison. Je l'ai déjà dit et je voudrais le répéter mille fois ; car c'est là ce qui effraye bien des âmes, parce que, malgré leur confiance en la bonté de Dieu, elles ne la connaissent pas encore par expérience. C'est un grand avantage d'avoir éprouvé l'amitié du divin Maître et d'avoir reçu les bienfaits dont il récompense ceux qui suivent le chemin de l'oraison ; en effet, là, dans cette voie, il se charge, pour ainsi dire, de tous les frais.

Je ne m'étonne pas que ceux qui n'ont pas éprouvé ces faveurs veuillent être assurés d'obtenir quelque récompense. Mais vous le savez, c'est cent pour un que le Seigneur vous accorde, même dès cette vie ; et il vous dit : *Demandez et l'on vous donnera* (1). Si vous ne croyez pas ce que vous dit la divine Majesté dans son Évangile, à quoi servira-t-il que je m'épuise à vous parler ? Toutefois, je le dis encore à ceux qui auraient quelque doute : on risque peu de chose à essayer, et ce voyage a cela de bon que l'on reçoit plus qu'on ne demande et qu'on ne saurait désirer (2).

(1) *Petite et dabitur vobis.* Matth. VII, 7.
(2) *Chemin de la Perfection.* ch. XXIII en entier, p. 248 à 250.

DEUXIÈME PARTIE

En quoi consiste l'Oraison mentale
Différentes manières de la faire.

—

CHAPITRE PREMIER

L'oraison mentale doit précéder et accompagner
la prière vocale.

Autant que je le puis comprendre, la
porte par laquelle on entre dans le château
intérieur, c'est-à-dire par laquelle on com-
munique avec Dieu et l'on s'unit à lui, est
l'oraison, soit mentale, soit vocale, et la
considération ou réflexion. L'oraison suppose la considération, car celui qui ne
considère ni à qui il parle, ni ce qu'il demande, ni ce qu'il est lui-même, ni quel
est celui auquel il s'adresse, celui-là prie
peu, quand même il remuerait beaucoup
les lèvres.

Il pourra arriver quelquefois que l'on
prie véritablement sans faire ces considé-

rations, mais ce sera seulement lorsqu'on aura déjà pris l'habitude de les faire. Quant à ceux qui ont coutume de parler à la majesté de Dieu comme s'ils parlaient à leurs esclaves, et qui, sans faire attention à leurs paroles, lui disent tout ce qui leur vient à la bouche, ou apprennent des mots par cœur pour les réciter lorsqu'ils veulent prier, je ne regarde pas cela comme une oraison. Plaise à Dieu qu'aucun chrétien ne l'entende de la sorte (1)!

Il ne faut pas non plus qu'on puisse dire de nous que nous parlons sans comprendre ce que nous récitons. Ainsi, quand je récite le *Credo*, il me semble raisonnable de comprendre et de savoir ce que *je crois;* et quand je dis le *Pater*, l'amour veut que je comprenne quel est ce Père et quel est le Maître qui nous a enseigné cette prière. Voulez-vous dire que vous savez déjà quel il est et qu'il n'est pas nécessaire

(1) *Château intérieur*, 1ʳᵉ demeure, p. 305.

de vous le rappeler ? Vous n'auriez pas
raison de parler ainsi, car il y a une
grande différence entre ce Maître et les
maîtres ordinaires. Or, c'est une grande
ingratitude d'oublier les maîtres qui nous
instruisent, particulièrement si ce sont des
saints et les directeurs de nos âmes ; mais
comment oublier, comment ne nous pas
rappeler souvent pendant l'oraison le Maître qui nous a enseigné cette prière avec
tant d'amour, avec un si grand désir
qu'elle nous soit profitable ? Si la faiblesse
de notre nature nous empêche de penser
à lui continuellement, du moins pensons-
y le plus souvent possible, surtout quand
nous lui adressons des prières.

Oui je voudrais vous faire comprendre
combien il est important pour bien dire le
Pater, de ne pas vous séparer par la pensée du Maître qui vous l'a enseignée. —
Vous me direz que cela est déjà de la considération, que c'est là déjà méditer et

que vous ne pouvez, et même que vous ne
voulez faire que des prières vocales. (Il y
a en effet des personnes impatientes, en-
nemies de toute peine, qui, n'ayant pas
l'habitude de recueillir leurs pensées au
commencement de la prière, disent, afin
d'éviter un peu de fatigue, qu'elles ne peuvent faire davantage et qu'elles ne savent
prier que vocalement.) — Vous avez rai
son de dire que ce que je vous demande
est déjà l'oraison mentale ; mais, en vérité, je ne sais pas comment on peut séparer cette oraison mentale d'une prière
vocale bien faite, dans laquelle on comprend à qui l'on parle.

C'est une obligation pour nous de tâcher
de prier avec attention, et plaise à Dieu
qu'avec toutes ces précautions nous réci-
tions bien notre *Pater noster*, et que nous
l'achevions sans distractions importunes.
Je l'ai éprouvé bien des fois, la meilleure
précaution à prendre est de fixer notre

pensée sur celui qui nous a enseigné cette prière. Ainsi ayez patience et tâchez de prendre une habitude si utile, si nécessaire (1).

Sachez aussi que l'oraison mentale ne consiste pas à prier la bouche fermée : si, en parlant, je vois et comprends bien que je parle à Dieu, et si j'accorde plus d'attention à cette pensée qu'aux paroles que je prononce, l'oraison est à la fois mentale et vocale, à moins qu'on ne prétende que vous parlez à Dieu, lorsque vous récitez le *Pater noster* en pensant au monde; en ce cas je n'ai rien à dire. Mais si vous voulez parler à Dieu comme on doit parler à un si grand Seigneur, il est bon que vous considériez à qui vous parlez et qui vous êtes, ne serait-ce que par convenance.

Qu'est-ce donc, ô mon Seigneur ? Qu'est-

(1) *Chemin de la Perfection*, ch. XXIV, page 250.

ce donc, ô Roi des rois ? Cela se peut-il souffrir ? Vous êtes un roi éternel et votre royauté n'est pas une royauté d'emprunt. Quand on dit au *Credo : Votre royaume n'aura point de fin,* ces paroles me causent presque toujours une joie particulière. Je vous loue, Seigneur, je vous bénis à jamais; oui votre royaume n'aura point de fin ! Ne permettez donc jamais, Seigneur, que l'on croie suffisant de ne vous parler que des lèvres (1) !

CHAPITRE II

Sainte Thérèse insiste sur le même sujet.

Peut-on dire qu'il soit inutile, avant de réciter les *Heures* ou le *Rosaire,* de penser à celui à qui on va parler et à ce qu'on est soi-même, afin de voir comment il faut traiter avec lui ? Je vous dis que si vous compreniez bien ces deux points,

(1) *Chemin de la Perfection,* ch. XXII, p. 246.

c'est-à-dire ce qu'est Dieu et ce que vous êtes, avant de commencer votre prière vocale, vous auriez déjà consacré un temps suffisant à l'oraison mentale.

Nous ne devons pas parler à un prince avec le sans façon dont on userait à l'égard d'un paysan ou d'un pauvre comme nous. A la vérité le Roi des rois est si humble que, malgré la rusticité de mon langage, il ne laissera pas que de m'entendre et de me permettre d'arriver jusqu'à lui, ses gardes ne me renverront pas : les anges qui l'environnent connaissent la bienveillance de leur Roi ; ils savent que ce divin Maître préfère la grossièreté d'un humble petit berger qui dirait davantage, s'il savait davantage, aux discours des plus savants, quelle que soit l'élégance de leur langage, si l'humilité leur manque.

Mais si notre Roi est si bon, ce n'est pas une raison pour que nous soyons incivils à son égard. Ne serait-ce que pour lui savoir gré de la contrainte qu'il s'impose en nous admettant en sa présence ; il est bon que nous cherchions à connaître qui il est et quelle est sa pureté ; et l'on sait bientôt ce qu'il est, lorsqu'on l'approche.

O Maître de tout, suprême pouvoir, souveraine bonté, éternelle sagesse, sans commencement et sans fin, vos perfections n'ont pas de bornes ; elles sont infinies et incompréhensibles ! Abîme sans fond de toutes les merveilles, la force même, beauté qui renferme toutes les beautés !

Oh ! si quelqu'un pouvait posséder toute l'éloquence des mortels et avoir assez de science (autant qu'on peut en avoir ici-bas, où tout est ignorance) pour faire comprendre quelqu'une de ces perfections, et nous révéler ainsi quelque chose de la nature de ce Seigneur, notre unique bien !

Oui il faut que vous arriviez à penser

et à comprendre, en l'approchant, à qui
vous allez parler ou à qui vous parlez.
Mille vies comme la nôtre ne suffiraient
pas à nous faire comprendre comment
doit être traité ce Seigneur devant qui
tremblent les anges, qui commande à
tout, qui peut tout et pour qui vouloir
c'est faire (1).

CHAPITRE III

Différentes manières de faire oraison (2).

Voici une comparaison que j'ai lue ou
entendue quelque part (comme j'ai une
mauvaise mémoire, je ne sais ni où, ni à

(1) *Chemin de la Perfection*, ch. XXII,
p. 247 et 248.

(2) Toute la doctrine de sainte Thérèse, sur la
nature de l'oraison mentale et sur la méthode
qu'il faut suivre en la faisant, est exposée dans les
chapitres suivants de cette seconde partie. Elle
peut cependant se rattacher à ces trois points:

— 1° L'oraison, même mentale ordinaire, con-

quel propos, mais peu importe) : Celui qui
commence à s'adonner à l'Oraison doit se
figurer qu'il entreprend de faire un jardin
dans un terrain stérile et plein de mauvaises herbes avec le dessein d'être
agréable au Seigneur. C'est la divine Majesté qui doit arracher les mauvaises

siste plutôt dans la *contemplation* des mystères
que dans les réflexions, pensées et raisonnements
dont ils peuvent être l'objet; le cœur doit y
avoir plus de part que l'esprit. Voir les chapitres V et VI qui suivent. — (Bien entendu qu'il
ne s'agit point ici des états d'oraison surnaturels
que l'on désigne ordinairement sous la dénomina-
tion générale de *contemplation*. — Ce que nous
indiquons sous ce nom n'est pas autre chose que
ce que saint Ignace et même saint François de
Sales appellent *composition du lieu, — collo-
ques et affections*.)

— 2° Comment doivent se conduire ceux qui
réfléchissent et raisonnent sur les mystères au
lieu de les contempler; voir les chapitres VII
et VIII.

— 8° Comment sainte Thérèse faisait elle-
même oraison; voir les chapitres IX et X.

herbes et planter les bonnes. Mais remarquons que cela est déjà fait, au moins en partie, quand une âme a résolu de se livrer à l'oraison et qu'elle a déjà commencé à s'y adonner.

C'est donc à nous de travailler, comme de bons jardiniers, avec l'aide de Dieu, à faire croître les bonnes plantes ; nous devons prendre soin de les arroser, afin qu'elles ne périssent pas, afin qu'elles donnent des fleurs d'un tel parfum, qu'elles puissent plaire à Notre-Seigneur, et l'engager à venir souvent prendre ses délices dans ce jardin mystique de nos vertus.

Voyons maintenant de quelle manière on peut arroser ; apprenons ce que nous avons à faire, le travail qu'il nous en coûtera, si le gain l'emportera sur la peine et combien de temps ce travail doit durer.

Il me semble qu'il peut y avoir quatre manières d'arroser. — La première, c'est de tirer l'eau d'un puits: il faut pour cela beaucoup de travail et d'efforts. — La seconde, c'est de la puiser à l'aide d'une noria (machine hydraulique); j'en ai tiré ainsi quelquefois; à l'aide de cette machine on obtient plus d'eau, et avec moins de travail. — La troisième, c'est de la faire dériver d'une rivière ou d'un ruisseau : cette façon d'arroser est bien meilleure, car ainsi la terre reçoit une eau plus abondante ; cet arrosage demande moins de soin et de fatigue au jardinier. — Enfin la quatrième est une grande pluie ; le Seigneur alors arrose, sans que nous soyons obligés de travailler, et c'est, sans comparaison, de tous les moyens, le plus excellent (1).

(Ces quatre manières d'arroser représentent quatre sortes ou quatre degrés d'oraison ; nous n'avons à nous occuper que

_____

(1) *Vie*, ch. XI, p. 37.

de la première, qui figure la méditation ou l'oraison mentale.)

CHAPITRE IV

Pour méditer ou faire oraison, il faut être dans
la solitude et le silence, et s'y recueillir.

En premier lieu, Notre-Seigneur nous enseigne que, pour prier, il faut être seul; c'est ainsi qu'il faisait lorsqu'il voulait prier, non qu'il eut besoin de s'isoler, mais pour notre enseignement. On ne peut parler en même temps à Dieu et au monde; cependant c'est ce que voudrait faire celui qui, en priant, écoute ce qu'on dit autour de lui, ou pense à tout ce qui s'offre à son esprit, sans faire aucun effort pour s'en détacher.

Nous devons tâcher de nous tenir dans la solitude, et plaise à Dieu que cela suffise à nous faire comprendre avec qui nous sommes et ce que le Seigneur répond à nos demandes! Pensez-vous qu'il se taise,

3

quoique nous ne l'entendions pas? Il parle
au cœur quand nous le prions avec le
cœur, et il serait bon que chacun se per-
suadât que c'est à lui en particulier que le
Seigneur dicte et apprend le *Pater*, la
prière par excellence. Ce Maître n'est jamais si éloigné de son disciple, qu'il soit
besoin à celui-ci d'élever la voix pour
s'en faire entendre : il est au contraire
tout près de nous (1).

Ceux qui commencent à faire l'oraison
mentale sont, comme je l'ai dit plus haut,
ceux qui tirent l'eau du puits, et ils ont
beaucoup de travail. Il leur faut s'efforcer
de recueillir leur sens habitués à aller à
l'aventure, et c'est déjà un travail suffisant. Ils doivent s'habituer à ne leur rien
laisser voir ni entendre, à mettre la main
à l'œuvre aux heures d'oraison ; il leur faut
alors se tenir dans la solitude, éloignés de

(1) *Chemin de la Perfection*, ch. XXIV,
p. 251.

tout et méditer sur leur vie passée. Ceux qui sont déjà plus avancés dans l'oraison doivent agir de même très-souvent, et s'arrêter plus ou moins à ces pensées, comme je le dirai dans la suite (1).

CHAPITRE V

Il faut se mettre en la présence de Notre-Sei-gneur, le regarder, lui parler, s'unir à lui.

Pour bien prier, pour bien méditer, il faut d'abord examiner sa conscience, dire le *Confiteor* et faire le signe de la croix; puis, comme vous êtes seule, tâchez de trouver une compagnie. Mais quelle compagnie préférable à celle du Souverain Maître ? — Représentez-vous le Seigneur lui-même à vos côtés, et regardez avec quel amour et quelle humilité il vous apprend à prier; croyez-moi, autant que vous le pourrez, ne vous privez pas de la société d'un ami si bon. Si vous prenez

(1) *Vie*, ch. XI, p. 38.

l'habitude de rester avec lui et s'il voit
que vous le faites par amour et que vous
vous efforcez de le contenter, vous ne
pourrez plus, comme on dit, le renvoyer
d'auprès de vous. Vous le trouverez toujours, il vous aidera dans tous vos tra-
vaux, et vous ·l'aurez partout avec vous.
Pensez-vous qu'un tel ami soit peu de
chose ? O mes sœurs, ô vous surtout qui
ne pouvez discourir avec l'entendement,
c'est-à-dire réfléchir, raisonner, trouver
des pensées sur un sujet lu ou donné, et
qui ne pouvez éloigner les distractions de
votre pensée, prenez cette habitude ; je
sais que vous pouvez le faire, car j'ai eu
moi-même, pendant plusieurs années, la
peine de ne pouvoir fixer ma pensée sur
rien. C'est une très-grande peine, mais je
sais que le Seigneur ne nous abandonne
jamais, et si nous le lui demandons avec
humilité, il· nous tient compagnie. Si
nous ne pouvons arriver en un an, met-

tons-y plus de temps, et ce temps ne le regrettons pas, puisqu'il s'agit d'une chose où il est si bien employé. Qui peut nous arrêter?.

J'affirme qu'en faisant des efforts, nous pouvons nous accoutumer à la présence de Notre-Seigneur et rester toujours avec ce véritable Maître. Je ne vous demande pas d'avoir beaucoup de pensées, ni de faire de grandes et subtiles considérations; je ne vous demande que de le regarder. Qui vous empêche donc de porter les regards de l'âme sur ce Seigneur, ne fût-ce que quelques instants, si vous ne pouvez davantage? Quoi! vous pouvez fixer vos regards sur les choses les plus laides, et vous ne pouvez les arrêter sur l'objet le plus beau que l'on puisse imaginer?

Quant à notre divin Sauveur, il ne vous quitte jamais des yeux : les nombreuses fautes et les abominations dont vous vous

êtes rendues coupables envers lui n'ont
pu le déterminer à détourner ses regards
de vous ; est-ce donc beaucoup que, dé-
tachant vos yeux des choses extérieures,
vous les fixiez sur lui quelquefois ? Re-
marquez qu'il n'attend de nous qu'un seul
regard, comme le dit l'épouse des canti-
ques. Tel vous le désirerez, tel vous le
trouverez ; il tient tant à ce que nous
ayons les yeux sur lui, que s'il n'attire
pas nos regards, ce n'est pas, de sa part,
faute d'empressement.

Pour qu'une femme soit heureuse avec
son mari, on dit qu'elle doit paraître
triste lorsqu'il est triste, et joyeuse, quand
même elle ne le serait pas, s'il est joyeux
lui-même. C'est ainsi, mais véritablement
et sans feinte, que le Seigneur agit avec
nous. Il s'assujettit à vous ; il veut que
vous soyez maîtresses et il agit selon vos
volontés. — Etes-vous dans la joie ? Re-
gardez-le ressuscité ; la pensée seule de

sa sortie du sépulcre vous remplira d'allégresse. Quelle clarté ! Quelle beauté ! Quelle majesté ! Quel triomphe et quelle joie d'être sorti vainqueur d'une bataille où il a gagné ce grand royaume qu'il ne désirait que pour vous ! Est-ce donc faire beaucoup que de tourner quelquefois vos regards du côté de celui qui vous donne tant de grâces ?

Si vous avez des peines, si vous êtes triste, considérez-le dans le jardin de Gethsémani. Quelle immense affliction dans son âme, puisqu'il en parle et s'en plaint, lui, la patience même ! Voyez-le attaché à la colonne, accablé de douleur, toute sa chair en lambeaux, souffrant ce martyre à cause de l'amour qu'il a pour vous ; poursuivi des uns, couvert de crachats par les autres, renié de ses amis, abandonné par eux sans que personne prenne son parti, transi de froid et réduit à une si grande solitude que

vous pourrez vous consoler mutuellement.

Représentez-vous—le encore chargé de
la croix, sans qu'on lui laisse un instant
de relâche. Il vous regardera de ses beaux
yeux compatissants et pleins de larmes, et
il oubliera ses douleurs pour apaiser les
vôtres ; et cela uniquement parce que
vous cherchez près de lui quelque consolation et que vous tournez vers lui vos
regards. Votre cœur s'est-il attendri à
cette vue et, non contentes de le voir,
voulez-vous lui parler, non pour lui adresser des prières étudiées, mais pour l'entretenir des peines de votre cœur qui
l'intéressent au plus haut point ? Vous
pouvez lui dire : « O Maître du monde,
» ô véritable époux de mon âme ! êtes-vous
» donc si délaissé, mon Seigneur et mon
» Bien, que vous daigniez accepter une
» pauvre compagnie comme la mienne et
» vous consoler avec moi ! Comment est-
» il donc possible, Seigneur, que les an-

» ges vous laissent seul, et que votre
» Père même ne vous console pas? S'il
» en est ainsi, Seigneur, et si vous vou-
» lez tout souffrir pour moi, qu'est-ce
» donc ce que je souffre pour vous ? De
» quoi puis-je me plaindre ? J'ai honte de
» vous avoir vu dans un tel état ; je veux
» souffrir, Seigneur, toutes les peines qui
» me viendront, les accepter comme un
» grand bien et vous imiter en quelque
» chose. Allons ensemble, Seigneur ; où
» vous irez j'irai ; par où vous passerez je
» passerai. »

Portez une partie de cette croix, afin
que le divin Maître n'ait point tant de
peine, et souffrez que les Juifs vous fou-
lent aux pieds. Ne faites aucun cas de
ce qu'on vous dira, soyez sourdes aux
murmures ; trébuchant et tombant avec
votre époux, ne vous séparez pas de la
croix, ne la quittez jamais. Considérez
bien la fatigue que notre Sauveur éprouve

et voyez combien ses douleurs diminuent
les vôtres. Quelque grandes que vous les
disiez et quelque sensibles qu'elles soient,
vous en serez consolées, car vous verrez
qu'elles sont peu de chose en comparaison
de celles du Seigneur (1).

CHAPITRE VI

Moyens à employer pour s'exercer à cette méditation contemplative.

1° *Du courage et de la générosité.* —
Vous me demanderez comment cela se
pourra faire (contempler, voir N.-S. portant sa croix); vous me direz que si vous
l'aviez vu avec les yeux du corps, dans le
temps où sa Majesté était en ce monde,
vous auriez agi ainsi, de bon cœur, et ne
l'auriez jamais quitté des yeux. Ne le
croyez pas; celle qui maintenant, sans
courir aucun danger, ne veut pas mettre
un peu de soin à considérer ce Seigneur

(1) *Chemin de la Perfection,* ch. XXVI,

au dedans d'elle-même, ne se serait jamais mise au pied de la croix, comme la Madeleine qui voyait la mort de tous côtés. Mais que ne devaient pas souffrir la glorieuse Vierge et cette sainte bénie ? Que de menaces ! Que de mauvaises paroles ! Que de mauvais traitements ! Que d'injures ! Quels égards pouvaient-elles attendre de ces enragés de l'enfer, de ces ministres du démon? Sans doute ce qu'elles souffrirent dut être terrible, à moins que leur douleur ne s'effaçât devant cette autre douleur bien plus grande, celle du divin Maître.

Ainsi ne croyez pas que vous auriez supporté d'aussi grandes souffrances, si maintenant vous ne pouvez en supporter d'aussi petites. Ce n'est qu'en vous exerçant à vaincre ces peines légères que vous pourrez arriver à en vaincre de plus cuisantes (1).

(1) *Chemin de la Perfection*, ch. XXVI, p. 253-254.

2o *Des images de N.-S.* — Ce que
vous pourrez faire encore pour vous aider,
c'est de porter une image de Notre-Seigneur qui soit à votre goût, non pour la
cacher dans votre sein, sans jamais la regarder, mais pour vous entretenir souvent avec le Sauveur. Il vous donnera
toujours de quoi lui dire. Vous parlez
facilement à d'autres personnes, pourquoi
ne trouveriez-vous pas des paroles pour
parler à Dieu ? Ne craignez pas de rester
dans l'embarras ; je ne crois pas que cela
vous puisse arriver, si vous vous entrete-
nez souvent avec lui. Sans ce moyen, les
paroles vous feront défaut, car le manque
de rapports avec une personne engendre
une certaine gêne; on ne sait comment on
doit lui parler; il semble que nous ne la
connaissions pas, quand même ce serait une
parente ; la parenté et l'amitié se perdent,
en quelque sorte, faute de relations (1).

(1)*Chemin de la Perfection*, ch. XXVI, p. 254.

3° *Prendre un livre.* — C'est encore un excellent moyen que de prendre un livre pendant que vous faites oraison, afin de recueillir votre esprit et d'arriver à bien prier. En employant cet artifice pour ne point effrayer votre âme, peu à peu et tout doucement vous lui ferez prendre cette bonne habitude.

N'oubliez pas que cette pauvre âme a fui depuis longtemps son époux, par l'indifférence et surtout par le péché, et qu'il faut user d'adresse pour la déterminer à revenir près de lui. Voilà comme nous sommes, nous autres pécheurs. Notre âme a contracté une telle habitude d'agir selon son plaisir ou, pour mieux dire, selon ce qui devra plus tard lui causer de la peine, qu'elle ne se reconnaît plus ; pour la déterminer à revenir à l'amour et dans la maison de son époux, il est nécessaire d'user de beaucoup de précautions ; si nous n'agissons pas ainsi, douce-

ment et peu à peu, nous n'arriverons jamais à rien (1).

CHAPITRE VII

Comment doivent agir ceux qui raisonnent sur
les mystères au lieu de les méditer en les con-
templant.

Quant à ceux qui discourent beaucoup
avec l'entendement, c'est-à-dire qui réfléchissent, raisonnent sur les mystères et

(1) *Ch. de la perfection*. Quant à l'usage d'un livre dans la *méditation*, voyez plus loin, ch. IX et
X l'usage qu'en faisait sainte Thérèse elle-même.
Voici ce qu'en écrivait saint François de Sales à
l'abbesse du Puy-d'Orbe : « Touchant la médita-
» tion, je vous prie de ne point vous affliger si
» parfois, et même bien souvent, vous n'y êtes
» pas consolée; mais poursuivez doucement, avec
» humilité et patience, sans pour cela violenter
» votre esprit. Servez-vous d'un livre, quand vous
» verrez votre esprit las, c'est-à-dire lisez un peu
» et puis méditez; et puis relisez encore un peu,
» et méditez jusques à la fin de votre demi-
» heure. La mère Thérèse (sainte Thérèse) en usa
» ainsi au commencement, et dit qu'elle s'en trouva

qui, sur un sujet, trouvent beaucoup de
pensées, qu'ils fassent bien attention à
l'avis que je vais donner : ils ne doivent
pas employer tout leur temps à raisonner
et à faire des considérations. Comme ce
genre d'oraison est méritoire et agréable,
il leur semble qu'il ne doit pas y avoir
pour eux de repos et qu'ils ne doivent
pas cesser de travailler. Ils regardent
comme perdu le temps qu'ils n'emploient
pas ainsi ; moi je considère cette perte
comme un gain véritable.

Qu'ils s'imaginent être, comme je l'ai
dit, en présence de Jésus-Christ ; qu'ils
lui parlent et se réjouissent d'être avec lui

» fort bien. Et, puisque nous parlons confidem-
» ment, j'ajouterai que je l'ai ainsi essayé et m'en
» suis bien trouvé. Tenez pour règle que la grâce
» de la méditation ne peut se gagner par aucun
» effort d'esprit ; mais il faut que ce soit une
» douce et affectionnée persévérance pleine d'hu-
» milité. » (*Œuvres de saint François de Sales*
édition Vivès, tome X, p. 42.)

sans fatiguer leur pensée à composer des
raisonnements ; qu'ils lui exposent simplement leurs besoins et les raisons que
le Seigneur aurait de ne pas les souffrir
auprès de lui (1).

Oui il faut alors que l'âme fasse beaucoup
d'actes pour se déterminer à bien servir
Dieu, pour s'exciter à l'aimer de tout son
pouvoir et fortifier ainsi ses vertus. — Elle
peut, comme je l'ai déjà expliqué, penser
qu'elle est en présence de Jésus-Christ, s'en-
flammer d'amour pour sa sainte humanité,
se le représenter toujours près d'elle, lui
parler, le prier dans ses besoins, se plaindre à lui de ses peines. Elle ne doit pas l'oublier, lorsqu'elle est dans la joie, mais se
réjouir avec lui ; le tout sans prières ap-
prêtées, mais avec des paroles conformes
à ses désirs et à ses besoins. — C'est là
une excellente manière de faire des progrès en peu de temps.

(1) *Vie*, ch. XIII, p. 46.

Celui qui s'applique à demeurer en cette précieuse compagnie, qui saura en profiter et s'attachera avec amour à ce divin Seigneur de qui nous tenons tout, celui-là, selon moi, aura fait de véritables progrès. — Pour cela il importe peu de ne pas avoir de dévotion sensible, *il suffit* de nous montrer reconnaissants envers Dieu, qui, malgré la faiblesse de nos œuvres, permet que nous soyons désireux de lui plaire (1).

Il est bon cependant de faire tantôt l'un tantôt l'autre, c'est-à-dire de raisonner et de contempler, de regarder Notre-Seigneur, de lui parler et de s'entretenir cœur à cœur avec lui, afin de ne point dégoûter l'âme en lui donnant toujours la même nourriture.

La méditation, qui réfléchit, raisonne et creuse les mystères, est le mode d'oraison par lequel tous doivent commencer

(1) *Vie*, ch. XII, p. 41.

continuer et finir ; c'est un chemin excellent et très-sûr, jusqu'à ce que Notre-
Seigneur, s'il le juge à propos, les élève
à un état surnaturel. Je dis que *tous devront suivre ce mode d'oraison ;* mais
'quant aux sujets à méditer, ils varient
suivant les dispositions de chacun : comme
il y a beaucoup de demeures au ciel, il y
a aussi beaucoup de chemins pour y arriver.

Quelques personnes font des progrès en
se considérant en enfer ; d'autres, que la
pensée de l'enfer afflige, en se considérant
au ciel ; d'autres en pensant à la mort.
Celles qui ont le cœur tendre souffriraient
beaucoup de méditer toujours sur la Passion. Elles trouvent leur plaisir et leur
profit à admirer le pouvoir et la grandeur de Dieu dans ses créatures et son
amour pour nous, amour qui se révèle
dans tout ce qu'il a créé. C'est là une admirable manière de procéder ; mais il
faudra revenir souvent à la Passion et à la

vie de Jésus-Christ : là est la source de
tout bien (1).

CHAPITRE VIII.

La sainte revient sur le même sujet. — Effets
d'une bonne oraison.

Dans cet état d'oraison, la plupart des
âmes agissent presque toujours avec l'entendement ; elles discourent et méditent ;
elles sont dans la bonne voie. Cependant
elles pourraient aussi consacrer quelques
moments à faire divers actes : à louer
Dieu, à se réjouir de sa bonté, à le remer-
cier d'être ce qu'il est, à lui témoigner leur
désir de le voir honoré et glorifié. Ces
actes servant beaucoup à exciter la volonté, ces âmes devront s'en acquitter du
mieux qu'elles pourront. Qu'elles se gar-
dent bien, lorsque le Seigneur leur aura
accordé ces avantages, de les abandonner,

(1) *Vie*, ch. XIII, p. 46 et suiv.

afin de reprendre leur méditation habi-
tuelle. — *Pour avancer beaucoup dans
ce chemin, l'essentiel n'est pas de penser
beaucoup, mais d'aimer beaucoup.* Ainsi,
attachez-vous à faire ce qui doit le plus
vous exciter à aimer. Peut-être ne savez-
vous pas ce que c'est qu'aimer Dieu? Je
ne m'en effrayerai pas beaucoup. Celui
qui aime le plus n'est pas celui qui prie
avec plus de goût; c'est celui qui a la plus
ferme résolution et le plus grand désir
de contenter Dieu, de faire tous ses efforts
pour ne pas l'offenser; qui lui demande
que son Fils soit toujours honoré et glorifié et que l'Église catholique s'étende
de plus en plus. *Voilà les marques du
véritable amour* (1).

L'oraison la mieux faite et la plus
agréable, est toujours celle qui laisse
après elle de meilleurs effets. Je n'entends
point parler des grands désirs; car

(1) *Château intérieur,* 4ᵉ dem. ch. 1, p. 324.

quoique ce soit une bonne chose que les
désirs, ils ne sont pas toujours tels que
notre amour-propre nous les représente.
J'appelle de *bons effets* ceux qui *s'annon-
cent par les œuvres ;* de sorte que l'âme
fasse connaître le désir qu'elle a de la
gloire de Dieu, par *son attention à ne
travailler que pour lui, à n'occuper sa
mémoire et son entendement* que de
choses qui lui soient agréables, et à lui
marquer de plus en plus l'amour qu'elle
lui porte.

Oh ! que c'est bien là la véritable oraison,
et non pas *ces goûts qui n'aboutissent*
qu'à notre *propre satisfaction.* Quand
l'oraison n'a pas le caractère que je viens
de dire, il reste souvent dans l'âme beaucoup de lâcheté, de vaines frayeurs, et
même de l'aigreur contre ceux qui *font
peu de cas de nous. — Pour moi, je
ne désirerais point d'autre oraison que
celle qui me ferait croître en vertus. —*

Quand même elle serait accompagnée de grandes tentations, de sécheresses et de tribulations, je la regarderais comme la meilleure, parce qu'elle me rendrait plus humble et par conséquent plus agréable à Dieu. Car il ne faut pas croire que celui qui souffre ne prie pas, *lorsqu'il offre à Dieu ses souffrances* ; souvent il prie beaucoup plus que celui qui se rompt la tête dans un coin de sa cellule pour s'exciter à l'oraison, et qui croit avoir beaucoup fait s'il a tiré par force quelques larmes de ses yeux (1).

CHAPITRE IX

Comment sainte Thérèse méditait elle-même.

Voici quelle était, dans les commencements, ma manière d'oraison : je tâchais

(1) Lettre au père Gratien, 23 oct. 1577. — Traduction d'Arnaud d'Andilly.

autant que je le pouvais de me représenter Jésus-Christ, Notre-Seigneur et souverain bien, présent dans mon âme; et
si je pensais à quelque mystère de sa vie,
je me figurais que ce mystère se passait
en moi-même. Toutefois je passais la plus
grande partie du temps à lire de bons livres ; c'était là toute ma récréation. Dieu
ne m'a pas donné le talent de discourir
avec l'entendement, c'est-à-dire de raisonner, et de m'aider de l'imagination,
faculté si rebelle en moi, que je ne pouvais même jamais parvenir à me représenter en mon âme l'humanité de Notre-
Seigneur telle que je l'aurais voulu.

Les personnes qui ne peuvent discourir
avec l'entendement arrivent plus vite à
la contemplation, si elles persévèrent ;
mais leur route est très-difficile et très-
pénible : car la volonté n'étant pas occupée et l'amour ne s'appliquant pas à un
objet présent, l'âme reste comme sans

appui et sans exercice ; elle souffre beaucoup de la solitude, de la sécheresse et du
grand combat que se livrent ses pensées.
Les personnes qui se trouvent dans cet
état ont besoin d'une plus grande pureté
de conscience que celles qui peuvent agir
avec l'entendement.

Celles qui discourent, qui pensent et
raisonnent sur ce qu'est le monde, sur ce
qu'elles doivent à Dieu, sur ce qu'il a
souffert pour elles et le peu qu'elles font
pour lui, et aussi sur les dons qu'il accorde à ceux qui l'aiment ; celles-là tirent
de ces considérations des instructions pour
se défendre des pensées, des occasions et
des périls. Mais les âmes qui ne peuvent
profiter de ces avantages courent un plus
grand danger, et il leur convient de s'occuper beaucoup de lectures, puisqu'elles
ne peuvent rien produire d'elles-mêmes.
Si peu qu'elles lisent, la lecture leur sera
très-utile et même nécessaire pour rem-

placer l'oraison mentale qu'elles ne peuvent faire ; leur manière de procéder est si pénible, que si le maître qui les dirige voulait les forcer de prier sans ce secours, il leur serait impossible de rester longtemps en oraison ; et si elles voulaient y persister, ce serait au préjudice de leur santé, tant la chose est pénible.

Pendant dix-huit ans, je n'ai jamais osé commencer l'oraison sans un livre, si ce n'est lorsque je venais de communier.

Mon âme était aussi effrayée de se trouver en oraison, sans cet appui, que si elle eût eu à combattre seule contre une foule nombreuse. Avec mon livre, j'étais consolée : c'était pour moi comme une compagnie ou comme un bouclier sur lequel je recevais les coups des pensées importunes. La sécheresse n'était pas mon état ordinaire ; mais lorsque le livre me manquait, mon âme se troublait, mes pensées s'égaraient ; avec le livre, je commençais

à les recueillir et mon âme se relevait
doucement; souvent même il me suffisait
d'ouvrir le livre ; quelquefois je lisais
peu, d'autres fois beaucoup, selon la grâce
que le Seigneur daignait me faire (1).

CHAPITRE X

Sainte Thérèse reprend et complète le même sujet.

Comme je ne pouvais discourir avec
l'entendement, voici quel était mon mode
d'oraison : je tâchais de me représenter
Jésus-Christ au-dedans de moi. Mon âme,
ce me semble, profitait plus lorsque je
contemplais ce Sauveur dans les moments
de sa vie où il fut le plus délaissé. Je pensais qu'étant seul, affligé, semblable à un
pauvre abandonné, il devait être plus dis-
posé à m'admettre en sa présence. J'avais
fréquemment de ces simplicités. Je me
plaisais particulièrement à méditer sa

(1) *Vie*, ch. IV, p. 10.

prière au jardin des Oliviers ; je ne man-
quais pas de l'y accompagner. Je pensais
à cette sueur et à l'affliction qu'il y avait
endurée. J'aurais voulu essuyer cette
sueur d'agonie, mais je me souviens qu'en
pensant à la gravité de mes péchés, je
n'ai jamais osé le faire. C'était là toutes
les pensées que je pouvais lui consacrer,
car j'en avais beaucoup d'autres qui faisaient mon tourment.

Pendant plusieurs années, presque tous
les soirs, quand je me recommandais à Dieu,
avant de m'endormir, je me rappelais
souvent Notre-Seigneur au jardin des Oliviers ; je le faisais même avant d'être religieuse, parce qu'on m'avait dit qu'on
gagnait ainsi beaucoup d'indulgences. Je
suis convaincue que cette pratique fit
beaucoup de bien à mon âme.

C'est ainsi que je commençai à faire
oraison, sans savoir ce que c'était. J'avais
déjà pris l'habitude d'accomplir ce devoir,

comme de faire le signe de la croix avant
de m'endormir.

Je reviens à ce que je disais des tourments que me causaient mes pensées :
lorsqu'on procède sans discourir avec l'entendement, l'âme doit être très-recueillie,
ou l'oraison est complétement perdue.
Lorsqu'elle avance, elle avance vite, car
le tout est d'aimer. Mais il lui en coûtera beaucoup pour arriver là, à moins
que le Seigneur ne se plaise à l'élever en
très-peu de temps à une oraison plus su-
blime. Je connais quelques personnes auxquelles il a accordé cette faveur. Les âmes
qui suivent ce chemin doivent avoir un
livre, afin de se recueillir en peu de temps.

Je trouvais de l'avantage à voir des
champs, de l'eau, des fleurs ; toutes ces
choses me rappelaient le Créateur, elles
éveillaient mon âme, l'aidaient à se recueillir et remplaçaient le livre : je pensais alors à mon ingratitude et à mes pé-

chés. Pour ce qui est des choses du ciel
et des objets les plus parfaits, mon entendement était si grossier que je n'ai jamais
pu parvenir à les imaginer, jusqu'à ce
que le Seigneur me les fît voir d'une
autre manière.

J'étais si peu habile à me figurer les
objets par la pensée, que mon imagination
ne pouvait me représenter ce que je ne
voyais pas des yeux du corps, tandis qu'il
y a des personnes qui se représentent facilement les sujets sur lesquels elles veulent se recueillir. Tout ce que je pouvais
faire était de penser à la sainte humanité
de Jésus-Christ ; mais j'avais beau lire
des livres qui parlaient de sa beauté et
voir des images qui le représentaient, je
ne pus jamais parvenir à me le figurer en
moi-même. J'étais comme une personne
aveugle, ou qui se trouve dans l'obscurité
et qui parle à une autre : elle comprend
qu'elle est avec cette autre personne, car

elle sait d'une manière certaine qu'elle
est là; elle l'entend et croit qu'elle est présente, mais elle ne la voit pas. C'est ce
qui m'arrivait quand je pensais à Notre-
Seigneur, et c'est là ce qui me faisait tant
aimer les images (1).

(1) *Vie*, ch. VIII, p. 28.

TROISIÈME PARTIE

Difficultés qui se présentent dans l'Oraison. — Conseils pour les vaincre.

—

CHAPITRE PREMIER.

Ennui. — Comment sainte Thérèse en a triomphé.

Très-souvent, pendant des années, j'étais plus occupée du désir de voir finir l'heure de l'oraison et d'entendre sonner l'horloge, que d'avoir de bonnes pensées. Trop de fois j'aurais mieux aimé me soumettre à une pénitence, quelque grande qu'elle fût, que de me recueillir pour l'oraison. Il est certain que le démon ou ma mauvaise habitude m'inspiraient une répugnance presque insurmontable à faire l'oraison.

Pour entrer à l'oratoire, où je me sentais aussitôt envahie par une grande tris-

tesse, j'avais besoin de tout mon courage,
et l'on dit que j'en ai : Dieu m'a donné
en effet plus de courage qu'il n'en donne
ordinairement aux femmes, malheureusement je m'en suis mal servie. Enfin le
Seigneur venait à mon aide. Après m'être
vaincue, je goûtais plus de tranquillité et
de délices que lorsque j'étais entrée à l'o-
ratoire avec le désir de prier (1).

CHAPITRE II

Sécheresse, dégoût, découragement. — Comment
on peut les combattre.

Souvent, après un grand nombre de
jours de travail, le pauvre jardinier (celui qui s'applique à l'oraison) (2) n'aura
obtenu que sécheresse, dégoût, découragement; et il a eu tant de peine à tirer
l'eau du puits ! Que fera-t-il ? Il abandon-

(1) *Vie*, ch. IX, p. 30.
(2) Voyez ce que sainte Thérèse a dit des différentes manières de faire oraison : IIe partie,
ch. III, p. 29.

nerait volontiers tout, s'il ne se souve-
nait que son travail est agréable au maître du jardin, et s'il ne craignait de perdre le fruit de ses services passés et ce
qu'il espère gagner encore par ce labeur
si pénible d'envoyer souvent le seau au
fond du puits sans en tirer une goutte
d'eau. — Il lui arrivera même souvent de
ne pouvoir lever les bras, c'est-à-dire
avoir une bonne pensée ; car tirer l'eau
du puits, c'est agir avec l'entendement.
Que fera donc le jardinier dans une telle
situation ? Il devra se réjouir, se consoler
et regarder comme une grande faveur de
travailler au jardin d'un si grand Roi.
Puisqu'il sait lui être agréable en agissant
ainsi, cela doit lui suffire et *il ne devra
pas chercher à se contenter lui-même.*
Qu'il loue beaucoup le Seigneur de la confiance qu'il lui témoigne ; il verra que le
divin Maître, tout en ne lui payant rien,
attache une grande importance au travail

5

qu'il lui a commandé. Qu'il aide Notre-
Seigneur à porter la croix en pensant que
cet aimable Sauveur l'a portée toute se
vie. Qu'il ne cherche pas son royaume ici-
bas, et n'abandonne jamais l'oraison, et
qu'il se détermine ainsi à ne pas laisser
Jésus-Christ tomber sous la croix quand
même cette sécheresse devrait durer jusqu'à son dernier soupir.

Un temps viendra où tout lui sera payé;
qu'il ne craigne donc pas de perdre son
travail : il sert un bon Maître, et ce Maître a toujours les yeux sur lui. Qu'il ne
s'inquiète pas des mauvaises pensées ;
qu'il se rappelle que le démon les présen-
tait aussi à saint Jérôme dans le désert.
Ces peines ont leur prix ; moi qui les ai
endurées pendant de longues années, je
pensais que Dieu me faisait une grande
grâce quand je parvenais à tirer une goutte
d'eau de ce puits béni (1).

(1) *Vie*, ch. XI, p. 39.

CHAPITRE III

Les souffrances sont inévitables dans l'oraison. — Courage nécessaire. — Récompense.

Je sais que les souffrances que l'on endure dans l'oraison sont très-grandes, et, à mon avis, il faut plus de courage pour les supporter que pour endurer les autres peines du monde. Mais j'ai vu clairement que Dieu nous donne en retour de grandes récompenses, même dès cette vie. Car une heure de délices que le Seigneur m'a accordée me semble payer largement toutes les peines que j'ai souffertes pour persévérer dans l'oraison.

Je crois que le Seigneur nous envoie ces tourments et ces tentations au commencement et à la fin, pour éprouver ses serviteurs avant de leur envoyer de grands trésors. Il veut voir s'ils pourront boire son calice et l'aider à porter sa croix. C'est pour notre bien, je le crois, que s

Majesté veut nous faire comprendre ainsi
le peu que nous sommes. Les grâces, qui
doivent nous être données plus tard, sont
d'un si haut prix, qu'avant de nous les accorder il veut nous faire voir notre misère par expérience, afin de nous faire
éviter ce-qui arriva à Lucifer dont l'or-
gueil causa la perte éternelle.

Que faites-vous, Seigneur, qui ne soit
pour le plus grand bien d'une âme, quand
vous savez qu'elle vous appartient déjà,
qu'elle se livre à vous pour vous suivre
partout où vous irez, même jusqu'à la
mort, et qu'elle est déterminée à porter
la croix avec vous et à ne jamais l'abandonner ? Celui qui sent en lui cette détermination, n'a rien à craindre du démon.
Ils n'ont pas lieu de s'affliger ceux qui
sont arrivés à ce degré d'élévation, de
s'entretenir seul à seul avec Dieu et de
mépriser les passe-temps du monde. Le
plus fort est fait ; remerciez-en sa Ma-

jesté, et fiez-vous à sa bonté. Il n'a jamais fait défaut à ses amis. Ne recherchez
pas pourquoi il donne à d'autres, en peu
de jours, la dévotion qu'il vous refuse encore après tant d'années. Croyons que c'est
pour notre plus grand bien. Que sa Majesté nous conduise où elle voudra; nous
ne nous appartenons plus, nous appartenons à Dieu.

Il nous fait assez de grâce en nous donnant la volonté de travailler à son jardin
et en nous admettant en sa présence, car
il est certainement avec nous. S'il lui plaît
que les uns fassent croître ces plantes et
ces fleurs en les arrosant avec l'eau tirée
du puits et que les autres les fassent croître sans avoir besoin de les arroser,
que m'importe à moi ?

Faites, Seigneur, ce que vous voudrez.
Faites surtout que je ne vous offense pas
et que je ne laisse pas mourir ces fleurs ;
que je ne perde pas ces vertus, si votre

bonté m'en a accordé quelques-un es. Je
veux souffrir, Seigneur, parce que vous
avez souffert. Que votre volonté s'accom-
plisse en moi de toutes manières : mais
faites qu'un trésor d'un aussi grand prix,
que votre amour ne soit pas la récompense de ceux qui ne vous servent que
dans le but de goûter des délices (1).

CHAPITRE IV
Ne pas rechercher les contentements spirituels dans l'oraison.

Il faut bien noter ceci ; je le dis parce
que je le sais par expérience : lorsqu'une
âme entre dans le chemin de l'oraison
avec une ferme résolution , et prend sur
elle-même de ne pas trop se réjouir, ni
se désoler, selon que Dieu lui accorde ou
ne lui accorde pas de délices et de tendresses spirituelles, cette âme a déjà fait

(1) *Vie,* ch. XI, p. 39.

une grande partie du chemin. Malgré tous les faux pas, qu'elle ne craigne point d'être obligée de reculer. L'édifice qu'elle a commencé repose sur un fondement solide.

Non, l'amour de Dieu ne consiste ni à verser des larmes, ni à jouir de ces délices et de ces tendresses que nous désirons presque tous, parce qu'elles nous consolent ; mais à servir Dieu dans la justice, avec courage et humilité. Recevoir davantage serait, ce me semble, comme si nous ne donnions rien de notre côté. A de petites femmes comme moi, faibles et de peu de courage, Dieu peut accorder des délices, comme il m'en accorde maintenant, afin de les aider à supporter les peines qu'il plaît à sa Majesté de leur envoyer. Mais entendre des serviteurs de Dieu, des hommes de savoir et d'intelligence, se plaindre de ce que Dieu ne leur donne pas de dévotion sensible, cela fait

mal. Je ne leur dis pas de la refuser, si
Dieu la leur donne ; ils devront, au contraire, l'avoir en grande estime, parce
que le Seigneur l'a jugée utile pour leur
bien. Mais s'ils ne l'ont pas, ils ne doivent
pas s'inquiéter ; qu'ils comprennent bien
que, puisque Dieu ne la leur accorde pas,
c'est qu'ils n'en ont pas besoin ; qu'ils se
contentent d'être maîtres d'eux-mêmes.
Qu'ils m'en croient, agir autrement est
une faute ; sans liberté d'esprit, on est faible pour le combat.

Je ne dis pas cela seulement pour les
commençants, quoique cette liberté d'esprit et cette détermination de persévérer
dans l'oraison soient pour eux d'une
grande importance ; je le dis aussi pour
beaucoup d'autres qui ont commencé et
qui ne peuvent finir, probablement parce
qu'ils n'ont pas embrassé la croix dès le
principe. Ils s'affligent, il leur semble
qu'ils ne font rien ; l'entendement cesse

d'agir, ils n'ont plus de pensées, de raisonnements, ils ne peuvent le souffrir ; et
si la volonté vient à se développer, à
prendre des forces pour faire le bien, ils
ne s'en aperçoivent pas.

Pénétrons-nous de cette pensée, que
Dieu ne s'occupe pas de toutes ces choses,
et que souvent ce qui nous semble une
faute n'en est pas une à ses yeux. Il connaît mieux que nous notre misère et la
bassesse de notre nature. Il sait que ces
âmes ont le désir de l'aimer et de penser
toujours à lui. C'est cette détermination
qui lui plaît.

Quant à ces afflictions que nous nous
causons nous-mêmes, elles ne servent qu'à
jeter le trouble dans l'âme ; et si, auparavant, elle restait une heure sans
pouvoir méditer, elle en restera quatre (1).

(1) *Vie*, ch. XI, p. 40.

CHAPITRE V

Des indispositions et des maladies. — Comment
il faut se conduire et prier en ces occasions.

Souvent la difficulté vient de l'indisposition du corps. J'en ai fait très-souvent
l'expérience, et je sais que c'est vrai, car
je l'ai remarqué avec attention, et depuis,
je m'en suis entretenue avec des personnes spirituelles. Notre nature est si misé-
rable que notre pauvre âme, emprisonnée
dans notre corps, participe à ses infirmi-
tés. Soumise à l'influence des changements
de temps et des révolutions des humeurs,
il lui arrive souvent, sans qu'il y ait de
sa faute, de ne pouvoir faire ce qu'elle
veut et de souffrir de toutes manières.
Alors plus on la force, plus le mal aug-
mente et se prolonge ; il est bon, au contraire, de rechercher avec discernement
si les distractions viennent de ces causes,
et de ne pas tourmenter cette pauvre

âme. Les personnes ainsi affligées doivent comprendre qu'elles sont malades ; elles doivent changer l'heure de l'oraison, souvent même pendant plusieurs jours. Qu'elles supportent cet exil comme elles pourront ; c'est une triste chose pour une âme qui aime Dieu, que de vivre dans ce monde de misère où le corps, cet hôte importun, l'empêche de faire ce qu'elle veut.

J'ai dit qu'il fallait en rechercher les causes avec discernement, parce que, quelquefois, le démon est l'auteur du mal ; ainsi l'on ne doit ni toujours abandonner l'oraison, quand il arrive de grandes distractions et du trouble dans les pensées, ni toujours tourmenter l'âme pour lui faire faire ce qui lui est impossible. On peut alors s'occuper de lectures et d'œuvres de charité ; mais on n'est pas même capable de ces œuvres. Alors qu'on serve le corps pour l'amour de Dieu, afin que

le corps serve l'âme à son tour. Qu'on se
livre à de saintes conversations, ou qu'on
aille à la campagne, selon ce que conseil-
lera le confesseur : en tout l'expérience
est d'une grande utilité, car elle nous fait
connaître ce qui nous convient (1).

D'autrefois, surtout si la personne est
sujette à la mélancolie ou aux faiblesses
de tête, il peut arriver, malgré tous les
efforts, qu'on ne puisse maîtriser ses pensées. Dieu peut encore permettre, pour le
plus grand bien de ses serviteurs, qu'il
s'élève en eux de grandes tempêtes, et
alors ils ont beau s'affliger et faire des
efforts, leur esprit se trouble comme s'ils
tombaient dans une sorte de frénésie.
Quoi qu'ils fassent, ils ne peuvent parvenir à le fixer. — Mais la peine qu'ils
éprouveront de se voir dans cet état leur
montrera qu'il n'y a pas de leur faute.
Qu'ils ne se fatiguent pas à ramener à la

(1) *Vie*, ch. XI. p. 40.

·raison leur cerveau malade ; cette fatigue augmenterait le mal. Qu'ils prient et méditent comme ils pourront, ou même qu'ils ne prient pas du tout ; mais qu'ils s'appliquent à donner du soulagement à leur pauvre âme et qu'ils s'occupent de quelque autre œuvre de vertu (1).

Quel que soit l'état de l'âme, on peut toujours servir Dieu ; son joug est doux, et il est très-important de ne pas conduire l'âme de force, comme on dit, mais de l'élever peu à peu avec douceur pour son plus grand avancement (2).

Cependant la maladie n'est pas toujours une cause suffisante pour abandonner l'oraison, car cet exercice n'exige point la force du corps, l'amour et l'habitude nous suffisent, et Dieu nous donne toujours l'occasion de prier, quand nous le voulons.

(1) *Chemin de la Perfection*, ch. XXIV, p. 251.
(2) *Vie*, ch. XI, p. 40.

Je dis *toujours,* car si, par suite de maladie ou de tout autre empêchement, nous ne pouvons avoir de longues heures de solitude, nous pouvons toujours trouver quelques moments pour prier.

Dans la maladie, au milieu des obstacles, la véritable oraison pour l'âme qui aime Dieu consiste : — à lui offrir ses souffrances, — à se rappeler pour qui elle souffre, — à se soumettre à sa volonté et à lui rendre mille autres devoirs qui se présentent. (C'est là ce qu'on peut appeler *l'oraison des malades.*)

Il n'est pas nécessaire absolument d'être dans la solitude pour prier, et l'on ne doit pas croire que tout ce qui se fait en dehors de là n'est pas oraison. Avec un peu d'attention on peut gagner de grands biens dans les moments où le Seigneur nous prive, par les souffrances, du temps ordinaire de l'oraison (1).

(1) *Vie,* ch. VII, p. 22.

QUATRIÈME PARTIE

Différents avis touchant l'Oraison

—

CHAPITRE PREMIER

Il faut marcher dans le chemin de l'oraison avec joie et liberté d'esprit.

Il faut tâcher, dès le principe, de marcher avec joie et liberté d'esprit. Il y a des personnes qui s'imaginent qu'elles vont perdre leur dévotion si elles cessent un instant de veiller sur elles-mêmes. Il est bon de se défier de soi, afin d'éviter les occasions d'offenser Dieu ; cela est très-nécessaire jusqu'à ce qu'on soit très-ferme dans la vertu, et il en est peu qui puissent se dispenser de veiller sur eux, surtout dans certaines occasions où leur nature a coutume de faiblir. Pendant toute notre vie, quand ce ne serait que par humilité, il

est bon que nous connaissions notre misé-
rable nature. Cependant il y a des récréa-
tions qu'il est permis de prendre, ne fût-
ce que pour retourner à l'oraison avec
plus de force. *En tout la discrétion est
nécessaire* (1).

CHAPITRE II

Nécessité d'une grande confiance en Dieu

Nous devons avoir une grande confiance
en Dieu, afin de ne pas restreindre nos
désirs. Nous devons croire qu'avec son
aide et en nous efforçant peu à peu, nous
arriverons tôt ou tard à la perfection où
beaucoup de saints sont parvenus. Si ces
saints n'avaient pas fermement désiré
cette perfection, et s'ils ne s'étaient pas
mis peu à peu à l'œuvre, ils ne seraient
jamais arrivés à ce degré d'élévation.

Dieu aime les âmes courageuses, quand
elles sont humbles et qu'elles n'ont point

(1) *Vie*, ch. XIII, p. 44.

confiance en elles-mêmes. Je n'en ai jamais vu aucune demeurer en chemin,
comme je n'ai jamais vu non plus des
âmes faibles obtenir, même avec les années, ce que les premières avaient obtenu en peu de temps.

J'ai toujours été étonnée de voir combien on avance dans ce chemin quand on
a l'amour des grandes choses. De même
qu'un petit oiseau dont les ailes sont faibles se fatigue et s'arrête dans son vol,
ainsi l'âme pourra peut-être manquer de
forces, mais elle a pris son essor et déjà
l'espace qu'elle a parcouru est immense.

Je pensais souvent autrefois à ce que
dit saint Paul : *on peut tout en Dieu* (1) ;
je sentais bien que je ne pouvais rien par
moi-même. Cette pensée me fut très-pro-
fitable, ainsi que ces paroles de saint Au-
gustin : *Donnez-moi, Seigneur, ce que*

(1) *Omnia possum in eo qui me confortat.*
Philip. IV, 13.

6

vous me commandez, et commandez-moi ce que vous voudrez. — Je pensais souvent aussi que saint Pierre n'avait rien perdu en se jetant à la mer, malgré la frayeur dont il fut ensuite saisi.

Ces premières résolutions sont d'une grande importance. Toutefois les commençants doivent avancer avec prudence et s'en rapporter à la discrétion et aux avis d'un maître, pourvu que ce maître ne les retarde pas dans leur course, et qu'il demande à leur âme autre chose que des efforts insignifiants (1).

CHAPITRE III

L'humilité est indispensable. — Quelle humilité

L'humilité est absolument nécessaire pour nous rappeler sans cesse que le courage et les forces ne viennent pas de nous; mais avant tout il faut bien comprendre

(1) *Vie*, ch. XIII, p. 44.

ce qu'est l'humilité. Je crois que le démon cause un grand dommage aux personnes d'oraison et les empêche d'avancer
en leur donnant une fausse idée de l'humilité. Il leur fait prendre pour de l'or-
gueil ces grands désirs d'imiter les saints
et d'être martyrs. Bientôt il leur dit ou
fait entendre que les actions des saints
sont faites pour être admirées et non pour
être imitées par des pécheurs comme nous.
Je partage cet avis, mais jusqu'à un certain point ; car il faut savoir distinguer
ce que nous devons admirer, de ce qu'il
nous faut imiter.

Ainsi une personne faible et malade ne
serait pas raisonnable si elle s'imposait
beaucoup de jeûnes et de pénitences aus-
tères, si elle se rendait dans un désert, où
elle ne trouverait ni repos, ni nourriture,
ni rien de ce qui lui est nécessaire. Mais
nous pouvons penser qu'en faisant des efforts, et avec la grâce de Dieu, nous pour-

rons arriver à un complet mépris du monde, des honneurs et des richesses (1).

CHAPITRE IV

Ne pas trop s'attacher au soin de son corps et aux biens de la terre.

Nos idées sont si étroites, qu'il nous semble que la terre va nous manquer si nous négligeons un peu le corps pour donner à l'esprit. Nous nous figurons que l'abondance des biens de la terre est favorable au recueillement, parce que les inquiétudes de la vie troublent l'oraison.

Ce qui me chagrine, c'est que nous ayons assez peu de confiance en Dieu et assez d'amour-propre pour que ces soucis puissent nous troubler. Il est certain que des esprits imparfaits ont autant de peine à supporter de simples vétilles, que des esprits plus éclairés en éprouveraient pour

(1) *Vie*, ch. XIII, p. 44-45.

des choses de grande importance ; et nous
avons l'intention d'être spirituels ! — Il
me semble qu'agir ainsi, c'est vouloir
traiter le corps et l'âme de manière à ne
point perdre le repos ici-bas, et en même
temps à jouir de la vue de Dieu dans le
ciel. — On peut arriver à ce double ré-
sultat, si l'on vit dans des sentiments de
justice et de vertu ; mais il faut avouer
que c'est là avancer bien lentement, et
jamais nous n'arriverons ainsi à la liberté
de l'esprit, qui consiste surtout dans le
détachement de toutes choses.

Cette façon de procéder me semble
bonne pour les personnes mariées, qui doivent prendre les intérêts de leur famille.
Mais pour les autres, je ne voudrais en
aucune sorte de cette manière d'avancer
dans l'oraison, et on ne me fera pas croire
qu'elle soit bonne, car je la connais par
expérience. J'aurais même toujours con-
tinué dans cette voie, si le Seigneur dans

sa bonté ne m'eût indiqué un sentier plus court.

En effet, quoique j'eusse de grands désirs d'arriver à la perfection, je voulais m'adonner à l'oraison tout en vivant selon mon bon plaisir. Je crois que si quelqu'un m'eût encouragée à prendre un plus grand essor, j'aurais joint les œuvres aux bons désirs ; mais, hélas! à cause de nos péchés, les maîtres qui, sur ce point, ne se laissent pas aller à un excès de discrétion sont si rares, que c'est là, je crois, ce qui empêche les commençants d'arriver promptement à la perfection. Le Seigneur ne nous manque jamais, et si nous n'arrivons pas, il n'y a pas de sa faute ; c'est la nôtre à nous, pauvres misérables.

On peut imiter les saints en se retirant dans la solitude, dans le silence et en pratiquant d'autres vertus ; tout cela ne tuera pas ce corps, cause incessante de trouble pour l'âme. C'est le démon qui le tourne ainsi contre nous. S'il voit en nous quelque crainte, il n'en demande pas davantage pour nous faire croire que la mort nous menace de tous côtés et que notre santé est compromise. Il va jusqu'à nous faire craindre que les larmes ne nous rendent aveugles. Je le sais, parce que j'en ai fait l'épreuve. Mais que pouvons-nous désirer de mieux que de perdre la vue et la santé pour une telle cause ?

Ma constitution est si faible que mon âme fut toujours esclave et incapable d'aucun bien, jusqu'au jour où je me déterminai à ne faire aucun cas du corps ni de la santé. Il est vrai que ce que je fais maintenant est encore bien peu de chose.

Mais Dieu voulut que je m'aperçusse de cette ruse du démon qui m'inspirait la crainte de perdre la santé et le repos, et je disais : peu importe que je meure ; quant au repos je n'en ai pas besoin, j'aime mieux la croix. C'est ainsi que je répondais aux autres insinuations du mauvais esprit.

Quoique, de fait, je sois très-faible, je vis clairement, en beaucoup de circonstances, que je cédais aux tentations du démon ou à ma propre mollesse. Depuis que je ne suis plus si craintive ni si délicate, ma santé est bien meilleure (1).

CHAPITRE V

S'occuper de sa propre perfection. — Ne point juger sévèrement les autres.

Une autre tentation très-ordinaire à ceux qui commencent à goûter le calme et les avantages de la vie spirituelle, c'est de désirer que tout le monde adopte cette vie. Ce désir est bon, mais il pourrait être mauvais d'essayer de le réaliser, à moins d'agir avec beaucoup de discrétion et de prudence, pour ne pas avoir l'air de faire la leçon aux autres. Cela

(1) *Vie*, ch. XIII, p. 45.

m'est arrivé, et je sais ce qu'il en est. Ha-
bituées à considérer tout ce que je faisais
comme bien fait, les autres ne voyaient
aucun mal là où il y en avait en réalité,
par cela seul que c'était moi qui le faisais.

C'est là une ruse du démon; il semble
s'aider de nos vertus pour autoriser, autant qu'il peut, le mal qu'il veut nous
faire commettre. Quelque petit que soit
ce mal, le démon y gagne beaucoup, surtout dans une communauté.

Enfin, un autre grand inconvénient,
c'est que l'âme perd à s'occuper des autres. Ce qui importe le plus dans les commencements, c'est de prendre soin de cette
âme comme s'il n'y avait sur la terre
qu'elle et Dieu (1).

(1) Cela n'empêche pas de prier pour les autres,
de faire même des œuvres de zèle, surtout si notre
vocation nous y oblige. La sainte parle ici aux commençants et surtout aux personnes indiscrètes et
imprudentes.

Une autre tentation qui se pare, comme les précédentes, des semblants du zèle, est celle qui vient de la peine que l'on éprouve à la vue des péchés et des fautes d'autrui. Le démon nous fait croire que cette peine vient des offenses que nous voyons commettre contre Dieu, et que nous nous affligeons pour sa gloire. On voudrait y remédier, et cette inquiétude empêche de faire l'oraison; le plus grand mal est de croire que cela est de la vertu, de la perfection et du zèle pour la gloire de Dieu.

Je ne parle ni de l'affliction que causent les péchés publics passés en coutume dans une congrégation, ni des maux de l'Eglise, ni de ces hérésies où nous voyons tant d'âmes se perdre. Ces peines sont légitimes et, comme telles, ne causent aucun trouble ni inquiétude.

Ainsi, pour une âme qui s'adonne à l'oraison, le plus sûr sera de laisser de côté

les personnes et les choses, de ne s'occuper que d'elle-même et de contenter
Dieu. Voilà ce qu'il convient de faire. Si
je voulais rapporter toutes les fautes que
j'ai vu commettre par des personnes ayant
bonne intention, je n'aurais jamais fini.
Tâchons donc toujours de ne voir que les
vertus et les bonnes qualités des autres ;
et, pour ne pas voir leurs défauts, consi-
dérons la grandeur de nos péchés. De cette
manière nous acquerrons cette grande
vertu qui consiste à croire les autres meilleurs que nous. C'est par là, qu'avec le
secours de Dieu, nécessaire en toutes choses et sans lequel tous nos efforts sont su-
perflus, on commence à avancer dans la
voie du salut. Supplions donc le Seigneur
de nous accorder cette vertu (1).

(1) *Vie*, ch. XIII, p. 46.

CHAPITRE VI

Nécessité d'avoir un maître expérimenté et savant.

Celui qui commence a besoin d'avis, afin de pouvoir connaître ce qui le fait avancer davantage. Pour cela un maître est nécessaire, mais il faut que ce maître soit expérimenté ; s'il ne l'est pas, il commettra de graves erreurs en conduisant une âme qu'il ne connaît pas et en l'empêchant de se connaître elle-même ; car l'âme fidèle, sachant qu'il y a du mérite à être soumis à un maître, n'ose enfreindre les ordres qu'il lui donne.

J'ai rencontré des âmes jetées ainsi dans l'anxiété et dans l'affliction par l'inexpérience de leurs directeurs ; elles me faisaient pitié. J'en ai vu une qui ne savait plus que devenir ; ces maîtres, en effet, ne connaissant pas la vie spirituelle, tourmentent l'âme et le corps et empêchent le progrès.

Il importe donc beaucoup que le maître soit judicieux, j'entends capable et expérimenté. Si à ces qualités il joint la science, c'est une excellente chose ; mais si ces trois qualités, jugement, expérience et science ne peuvent se trouver réunies, les deux premières sont beaucoup plus importantes, car on trouve toujours des savants pour les consulter, si l'on en a besoin.

Bien que la science sans oraison soit peu avantageuse aux commençants, ceux-ci doivent cependant consulter les savants ; j'aimerais mieux voir une âme sans oraison, que de la voir prendre une fausse direction au début. La science est une grande chose ; elle instruit et éclaire ceux qui savent peu comme nous ; c'est par la connaissance des Saintes Ecritures que nous apprenons à remplir nos devoirs. Dieu nous délivre des dévotions mal entendues !

Je veux m'expliquer davantage; car je
crois que je parle de trop de choses à la
fois : j'ai toujours eu le défaut de ne pouvoir me faire comprendre qu'en beaucoup
de paroles. — Une religieuse commence
à s'adonner à l'oraison : si un maître incapable la dirige, il pourra, s'il lui en
prend fantaisie, lui faire croire qu'elle
doit lui obéir plutôt qu'à ses supérieurs,
et cela sans malice, croyant bien faire,
car, s'il n'est pas religieux, il doit lui
sembler qu'il en est ainsi. — Est-ce une
femme mariée? Il lui ordonnera de se
mettre en oraison aux heures où sa présence est nécessaire à la maison, au risque
de mécontenter son mari. — Ainsi ce directeur ne sait régler ni le temps ni les
choses comme il convient. Il veut éclairer les autres, mais il ne le peut, car la
lumière lui manque à lui-même.

Quoique la science ne semble pas nécessaire à l'âme, mon opinion a été et sera

toujours, que tout chrétien doit recourir, s'il le peut, aux avis d'un maître instruit; le plus savant sera le meilleur. C'est surtout une nécessité pour les personnes qui s'adonnent à l'oraison ; et plus elles seront avancées, plus elles en auront besoin.

Qu'on ne croie pas que des maîtres étrangers à l'oraison ne soient pas propres à diriger ceux qui la pratiquent. J'en ai connu plusieurs et je les ai toujours aimés. Quelques-uns ne connaissent pas la vie spirituelle par expérience, mais ils ne l'ignorent pas et ils ne la condamnent pas, car ils trouvent toujours dans les Saintes Ecritures les marques du bon esprit.

Je suis convaincue qu'une personne d'oraison qui fréquente les savants ne se laissera pas tromper par les artifices du démon, si elle ne veut pas se tromper elle-même. Ce mauvais esprit craint beaucoup, à mon avis, la science humble et

vertueuse ; il sait que ses ruses seront dé-
couvertes et ses efforts perdus. — Je dis
tout cela, parce qu'il y a des personnes qui
croient que des maîtres étrangers à la vie
spirituelle ne conviennent pas aux personnes d'oraison.

Je l'ai déjà dit : il faut un maître spirituel adonné à la piété, à l'oraison, mais
s'il n'est pas savant, c'est un grand inconvénient. Il est très-avantageux de
consulter les savants, pourvu qu'ils soient
vertueux. Quoiqu'ils ne connaissent pas la
vie spirituelle par expérience, leurs lumières nous seront toujours d'un grand
secours; Dieu leur inspirera ce qu'ils doivent nous enseigner; il les rendra même
spirituels, afin que leur aide nous soit plus
profitable ; et je ne le dis pas sans en avoir
fait l'expérience ; cela m'est arrivé avec
plus de deux.

Je dis qu'une personne qui veut s'assujettir entièrement à un seul maître com-

met une grande faute, si elle ne le choisit
pas tel que je l'ai décrit, surtout si cette
personne est en religion. Dans ce cas, en
effet, elle doit être soumise à son supérieur qui peut manquer des trois qualités
dont j'ai parlé au commencement de ce
chapitre, et c'est déjà pour elle une croix
suffisante, sans qu'elle aille encore de sa
propre volonté soumettre son jugement à
quelqu'un qui n'en a pas; c'est du moins
ce à quoi je n'ai jamais pu m'assujettir, et
je crois en vérité que ce n'est pas une
chose à faire. Si c'est un séculier, qu'il
rende grâces à Dieu de ce qu'il peut choisir celui auquel il doit se soumettre, et
qu'il se garde bien de renoncer à cette
sainte liberté. Qu'il demeure plutôt sans
directeur jusqu'à ce qu'il en trouve un
convenable; le Seigneur le lui donnera,
s'il le lui demande avec humilité et avec
le désir de l'obténir.

Je loue Dieu de tout mon cœur, et les

7

femmes et les personnes illettrées doivent
lui rendre d'infinies actions de grâces, de
ce qu'il y a des âmes qui, à force de travail, sont arrivées à connaître la vérité
que nous ignorons. Je suis souvent effrayée de la peine qu'ont eue les savants
et particulièrement les religieux pour acquérir ce dont nous pouvons profiter sans
autre fatigue que celle de les consulter.
Et il y aurait des personnes qui ne vou-
draient pas en profiter ! Plaise à Dieu de
ne le point permettre (1) !

CHAPITRE VII

Il fau savoir préférer l'obéissance et la charité
à l'oraison.

Les commençants trouvent de grands
avantages dans l'oraison , mais ce n'est
que quand l'obéissance et la charité n'ont
rien à en souffrir. Dans ces deux cas, il
faut sacrifier ce temps que nous avons le

(1) *Vie*, ch. XIII, p. 47.

plus grand désir de donner à Dieu, ce temps où nous pensons à lui dans la solitude, et où nous jouissons des délices qu'il nous accorde. En consacrant ces instants à l'obéissance et à la charité, nous causons une grande joie au Seigneur; nous agissons pour lui, selon cette parole sortie de sa bouche : *Ce que vous ferez pour un de ces petits sera fait pour moi* (1). Quant à l'obéissance, le divin Maître ne veut pas que l'on suive un autre chemin que celui qu'il a suivi lui-même. Que ceux qui l'aiment le suivent, lui qui a été *obéissant jusqu'à la mort* (2). Si cela est vrai, d'où vient donc ce découragement que nous éprouvons le plus souvent, lorsqu'il ne nous a pas été permis de passer la plus grande partie de la journée dans la soli-

(1) *Quamdiu fecistis uni ex his fratribus meis minimis, mihi fecistis.* Matth. XXV, 40.

(2) *Obediens usque ad mortem.* Saint Paul. Philip. II, 8.

tude, en présence de Dieu, bien que cependant nous ayons consacré ce temps à l'obéissance ou à la charité ? A mon avis, cela vient surtout de l'amour-propre; et cet amour-propre est si subtil, qu'il nous empêche de voir que nous cherchons plutôt notre satisfaction que le bon plaisir de Dieu. Il est clair en effet que lorsqu'une âme commence à *goûter combien le Seigneur est doux,* elle préfère jouir tranquillement des délices qu'il lui donne et laisser reposer le corps sans travail.

O charité de ceux qui connaissent et aiment véritablement le Seigneur ! qu'ils prendront peu de repos s'ils voient qu'ils peuvent contribuer au salut d'une âme livrée à elle-même, lui inspirer plus d'amour pour Dieu, lui donner quelque consolation et la délivrer de quelque danger ! Combien tout refus égoïste leur paraîtrait insupportable ! Lorsqu'ils ne le peuvent par des œuvres, c'est par des

prières, c'est en importunant le Seigneur
qu'ils tâchent de venir en aide aux nombreuses âmes dont la perte leur cause
tant de peine. Ils sacrifient ainsi les délices qu'ils goûteraient dans l'oraison,
mais ils ne les regrettent pas, car ils ont
plus à cœur d'agir selon la volonté du
Seigneur, que de se contenter eux-
mêmes.

Il en est de même de l'obéissance; ce
serait une chose étrange que de refuser
un travail important que Dieu nous commande, sous prétexte que nous préférons
rester tranquillement à le contempler !
Ce serait une plaisante manière d'a-
vancer dans l'amour de Dieu que de lui
lier ainsi les mains en semblant croire
qu'il ne peut nous faire avancer que par
un seul chemin !

Sans parler de ce dont j'ai fait moi-
même l'expérience, plusieurs personnes
que j'ai connues m'ont fait comprendre

cette vérité ; comme je ressentais une
grande peine d'avoir si peu de temps
pour l'oraison, je ne voyais qu'avec compassion ces personnes toujours occupées
de différentes affaires que leur commandait
l'obéissance. Je pensais, et même je leur
disais, qu'il ne leur était pas possible
d'avancer dans la vie spirituelle, au milieu de toutes ces occupations ; il le faut
avouer, elles n'étaient pas alors très-avan-
cées.

O Seigneur ! combien vos voies sont
différentes de tout ce que nous pouvons
imaginer ! Lorsqu'une âme s'est remise
entre vos mains, lorsqu'elle a déjà la
ferme résolution de vous aimer, vous ne
lui demandez que l'obéissance. Qu'elle
cherche avec soin ce qui peut vous plaire
davantage ; qu'elle ait le désir de l'exécuter, elle n'a pas besoin de chercher
ni de choisir les moyens, puisque sa volonté vous appartient déjà. C'est vous

qui vous chargez de ce soin, ô mon Seigneur ; c'est vous qui la guidez dans le
chemin où elle trouvera le plus d'avantages. Quand même le supérieur ne s'oc-
cuperait pas des progrès de l'âme et ne
songerait qu'aux intérêts de la communauté, vous, mon Dieu, vous prenez soin
de notre âme au milieu de ses préoccupations ; de telle façon que, sans savoir
comment, elle se trouve avancée dans la
vie spirituelle. Elle a obéi fidèlement
aux ordres qui lui ont été donnés, et elle
demeure étonnée de ses progrès.

C'est ce qui arriva à un religieux avec
lequel j'eus un entretien, il y a quelques
jours. Les emplois et les gouvernements
que l'obéissance lui avaient imposés pendant près de quinze ans avaient pris
tout son temps ; il ne se rappelait pas
avoir eu un jour à lui ; mais il tâchait, le
plus possible, de consacrer, chaque jour,
quelques instants à l'oraison, et de tenir

sa conscience pure. C'est une des âmes
les mieux disposées pour l'obéissance que
j'aie vues ; il la fait aimer à tous ceux à
qui il en parle. Le Seigneur l'en a bien
récompensé ; car, sans savoir comment, il
s'est trouvé en possession de cette liberté
d'esprit si précieuse et si désirée qui
appartient aux âmes parfaites et dans
laquelle on trouve tout le bonheur que
l'on peut désirer ici-bas. En effet, *lorsqu'on n'ambitionne rien, on possède tout.*
Les âmes qui en sont là ne craignent
ni ne désirent rien sur la terre, elles sont
insensibles aux peines et aux joies ; personne ne peut leur ôter la paix dont
elles jouissent, car cette paix vient du
Seigneur et ne dépend que de lui seul.
L'unique peine qu'elles puissent éprouver
ne peut donc venir que de la crainte de
perdre l'amitié de Dieu. Quant aux choses
de ce monde, elles n'en font pas plus de
cas que si elles n'existaient pas, parce

qu'elles ne peuvent en rien influer sur leur bonheur (1).

(1) *Livre des Fondations* ch. V., p. 433.

Nous devons la traduction de ces extraits de sainte Thérèse au talent et à la bienveillance de M. H. de Grandjean; qu'il nous soit permis de lui en témoigner ici toute notre reconnaissance.

L'ORAISON MENTALE
d'après
SAINT FRANÇOIS DE SALES

CHAPITRE PREMIER
Nécessité de l'oraison

L'oraison mettant notre entendement
en la clarté et lumière divines, et expo-
sant notre volonté à la chaleur de l'a-
mour céleste, il n'y a rien qui purge
tant notre entendement de ses igno-
rances, et notre volonté de ses affections
dépravées. C'est l'eau de bénédiction qui
par son arrosement fait reverdir et fleu-
rir les plantes de nos bons désirs, lave
nos âmes de leurs imperfections et dé-
saltère nos cœurs de leurs passions.

Mais surtout, je vous conseille la mentale, cordiale et particulièrement celle
qui se fait autour de la vie et passion de
Notre-Seigneur : en le regardant sou-

vent par la méditation, toute votre âme se remplira de lui ; vous apprendrez ses contenances et formerez vos actions au modèle des siennes. Il est la lumière du monde : c'est donc en lui, par lui et pour lui que nous devons être éclairés et illuminés ; c'est l'arbre du désir, à l'ombre duquel nous devons nous rafraîchir ; c'est la vive fontaine de Jacob, pour le lavement de toutes nos souillures. Enfin les enfants, à force d'entendre leurs mères et de bégayer avec elles, apprennent à parler leur langage. Et nous, demeurant près du Sauveur par la méditation, et observant ses actions et ses affections, nous apprendrons, moyennant sa grâce, à parler, faire et vouloir comme lui.

Il faut s'arrêter là, et, croyez-moi, nous ne saurions aller à Dieu le Père que par cette porte ; car tout ainsi que la glace d'un miroir ne saurait arrêter notre vue, si elle n'était enduite d'étain ou de plomb par derrière, ainsi la divinité ne pourrait être bien contemplée par nous en ce bas monde, si elle ne se fût jointe à la sainte humanité du Sauveur, dont la vie et la mort sont l'objet le plus proportionné, suave, délicieux et profitable, que nous puissions choisir pour notre méditation ordinaire. Le Sauveur ne s'appelle pas pour rien *le pain descendu du ciel;* car comme le pain doit être mangé avec toutes sortes de viandes, ainsi le Sauveur doit être médité, considéré et recherché en toutes nos oraisons et actions.

Employez à la méditation chaque jour une heure devant dîner, s'il se peut, au commencement de votre matinée, parce que vous aurez votre esprit moins embarrassé et plus frais après le repos de la nuit. N'y mettez pas aussi plus d'une heure, si votre père spirituel ne vous le dit expressément.

Si vous pouvez faire cet exercice dans l'église, et que vous y trouviez assez de tranquillité, ce vous sera une chose fort aisée et commode, parce que nul, ni père, ni mère, ni femme, ni mari, ni autre quelconque ne pourra bonnement vous empêcher de demeurer une heure dans l'église : là où étant en sujétion, vous ne pourriez peut-être pas vous promettre d'avoir une heure si franche dans votre maison.

Commencez toutes sortes d'oraison, soit mentale, soit vocale, par la présence de Dieu ; tenez cette règle sans exception et vous verrez dans peu de temps combien elle vous sera profitable.

Si vous me croyez, vous direz votre *Pater*, votre *Ave Maria* et le *Credo* en latin ; mais vous apprendrez aussi à bien entendre les paroles, qui y sont, en votre langage, afin que les disant au langage commun de l'Eglise, vous puissiez néanmoins savourer le sens admirable et délicieux de ces saintes oraisons, lesquelles il faut dire, fixant profondément votre pensée, et excitant vos affections sur le sens des paroles, et ne vous hâtant nullement, pour en dire beaucoup, mais vous étudiant de dire ce que vous direz cordialement, car un seul *Pater* dit avec sentiment, vaut mieux que plusieurs récités vitement et couramment.

Le chapelet est une très-utile manière de prier, pourvu que vous le sachiez dire comme il convient ; et pour ce faire, ayez quelqu'un des petits livres qui enseignent la façon de le réciter. Il est bon aussi de dire les litanies de Notre-Seigneur, de Notre-Dame et des Saints, et toutes les autres prières vocales qui sont dans les Manuels et Heures approuvés ; à la charge néanmoins que si vous avez le don de l'oraison mentale, vous lui gardiez toujours la place principale : en

sorte que, si après l'oraison, ou à cause
de la multitude des affaires, ou pour
quelque autre raison, vous ne pouvez
point faire de prière vocale, vous ne
vous mettiez point en peine pour cela,
vous contentant de dire simplement, avant
ou après la méditation, l'Oraison Domi-
nicale, la Salutation Angélique et le
Symbole des Apôtres.

Si, faisant la prière vocale, vous sentez
votre cœur tiré et convié à l'oraison
mentale, ne refusez point d'y aller, mais
laissez tout doucement couler votre esprit de ce côté-là, et ne vous souciez
point de n'avoir pas achevé les prières
vocales que vous vous étiez proposé de
faire ; car l'oraison mentale, que vous
aurez faite en leur place, est plus agréable à Dieu, et plus utile à votre âme ;
j'excepte l'office ecclésiastique, si vous
êtes obligée de le dire : car, en ce cas là,
il faut rendre le devoir.

S'il arrivait que toute votre matinée
se passât sans cet exercice sacré de l'o-
raison mentale, ou pour la multiplicité
des affaires, ou pour quelque autre cause,
(ce que vous devez éviter autant que
possible), tâchez de réparer cette omission dans l'après-dîner, en quelque heure
la plus éloignée du repas : parce que, si
vous agissiez autrement, voulant méditer avant que la digestion soit fort ache-
minée, il vous arriverait beaucoup d'as-
soupissement et votre santé en souffri-
rait.

Que si, en toute la journée, vous ne
pouvez la faire, il faut réparer cette
perte, multipliant les oraisons jaculatoires, et par la lecture de quelque livre
de dévotion, avec quelque pénitence qui
empêche la suite de cette omission, et
avec cela, faites une forte résolution de
vous remettre en train le jour suivant.

8

CHAPITRE II

Méthode abrégée pour la méditation et premièrement de la présence de Dieu, premier point
de la préparation.

Mais vous ne savez peut-être pas
comme il faut faire l'oraison mentale ;
car c'est une chose, laquelle par malheur peu de gens savent en notre âge :
c'est pourquoi je vous présente une
simple et brève méthode pour cela, en
attendant que par la lecture de plusieurs
beaux livres qui ont été composés sur ce
sujet, et surtout par l'usage, vous en
puissiez être plus amplement instruite.

Je vous marque premièrement la *préparation*, laquelle consiste en deux points,
dont le premier est de se mettre en la
présence de Dieu, et le second d'invoquer
son assistance. Or, pour vous mettre en
la présence de Dieu, je vous propose
quatre principaux moyens, desquels vous

vous pourrez servir à ce commencement.

Le premier consiste en une vive et attentive pensée de la *présence de Dieu*, c'est-à-dire que Dieu est en tout et partout, et qu'il n'y a lieu ni chose en ce monde où il ne soit d'une très-véritable présence ; de sorte que comme les oiseaux, où qu'ils volent, rencontrent toujours l'air, ainsi où que nous allions, où que nous soyons, nous trouvons Dieu présent ; chacun sait cette vérité, mais chacun n'est pas attentif à l'appréhender. Les aveugles ne voyant pas un prince qui leur est présent, ne laissent pas de se tenir en respect, s'ils sont avertis de sa présence ; mais la vérité est que d'autant qu'ils ne le voient pas, ils oublient aisément qu'il soit présent, et s'en étant oubliés, ils perdent encore plus aisément le respect et la révérence. Hélas ! nous ne voyons pas Dieu qui nous est présent, et bien que la foi nous avertisse de sa

présence, ne le voyant pas de nos yeux,
nous nous en oublions bien souvent et
nous nous comportons comme si Dieu était
bien loin de nous : car encore que nous
sachions bien qu'il est présent à toutes
choses, n'y pensant point, c'est tout autant comme si nous ne le savions pas.

C'est pourquoi toujours avant l'oraison il faut provoquer notre âme à une
attentive pensée et considération de cette
présence de Dieu. Ce fut l'appréhension
de David quand il s'écriait : « *Si je
monte au ciel, ô mon Dieu ! vous y êtes ;
si je descends aux enfers, vous y êtes !* »
— Et ainsi nous devons user des paroles
de Jacob, lequel ayant vu l'échelle sacrée : « *Oh ! que ce lieu,* dit-il, *est redoutable ! Vraiment Dieu est ici ; et je n'en
savais rien !* » Il veut dire qu'il n'y pen-
sait pas : car, du reste, il ne pouvait
ignorer que Dieu ne fût en tout et partout.
Venant donc à la prière, il vous faut dire

de tout votre cœur et à votre cœur :
O mon cœur, mon cœur, Dieu est vraiment ici!

Le second moyen de se mettre en
cette sainte présence, c'est de penser que
non-seulement Dieu est au lieu où vous
êtes, mais qu'il est très-particulièrement
dans votre cœur et au fond de votre esprit, lequel il vivifie et anime de sa divine présence, étant là comme le cœur de
votre cœur, l'esprit de votre esprit : car
comme l'âme, étant répandue par tout le
corps, se trouve présente en toutes les
parties de ce même corps et réside
néanmoins au cœur d'une spéciale rési-
dence, de même Dieu, étant présent à
toutes choses, assiste toutefois d'une spéciale façon à notre esprit. Et pour cela David appelait Dieu, « *Dieu de son cœur,* »
et S. Paul disait que « *nous vivons, nous
mouvons et sommes en Dieu.* » En la
considération donc de cette vérité, vous

exciterez une grande révérence en votre
cœur à l'endroit de Dieu qui lui est si
intimement présent.

Le troisième moyen, c'est de considérer
notre Sauveur, lequel en son humanité
regarde du haut du ciel toutes les personnes du monde, mais particulièrement
les chrétiens qui sont ses enfants, et plus
spécialement ceux qui sont en prière,
desquels il remarque les actions et les
démarches. Or ceci n'est pas une simple
imagination, mais une vraie vérité : car
encore que nous ne le voyions pas, si est-
ce que de là-haut il nous considère.
S. Étienne le vit ainsi au temps de son
martyre ; nous pouvons bien dire avec
l'Épouse : *Voilà qu'il est derrière la
muraille voyant par les fenêtres, regardant par les treillis.*

La quatrième façon consiste à se servir
de la simple imagination, nous représen-
tant le Sauveur en son humanité sacrée,

comme s'il était près de nous, ainsi que
nous avons accoutumé de nous représenter nos amis et de dire : je m'imagine
de voir un tel qui fait ceci et cela; il me
semble que je le vois, ou chose semblable. Mais si le Très-Saint Sacrement
de l'autel était présent, alors cette présence serait réelle et non purement ima-
ginaire ; car les espèces et apparences du
pain seraient comme une tapisserie derrière laquelle Notre-Seigneur réellement
présent nous voit et considère, quoique
nous ne le voyions pas en sa propre forme.
Vous userez donc de l'un de ces quatre
moyens pour mettre votre âme en la présence de Dieu avant l'oraison ; et ne faut
pas les vouloir employer tous ensemble-
ment mais seulement un à la fois, et
cela brièvement et simplement.

CHAPITRE III

De l'invocation, second point de la préparation

L'invocation se fait en cette manière : votre âme se sentant en la présence de Dieu, se prosterne en une extrême révérence, se connaissant très-indigne de demeurer devant une si souveraine majesté; et néanmoins sachant que cette même bonté le veut, elle lui demande la grâce de la bien servir et adorer en cette méditation. Que si vous le voulez, vous pourrez user de quelques paroles courtes et enflammées comme sont celles-ci, de David : *Ne me rejettez point, ô mon Dieu, de devant votre face, et ne m'ôtez point la faveur de votre Saint-Esprit. Éclairez votre face sur votre servante, et je considérerai vos merveilles. Donnez-moi l'entendement, et je regarderai votre loi et la garderai de tout mon cœur. Je*

suis votre servante, donnez-moi l'esprit;
et telles paroles semblables à celles-là.

Il vous servira encore d'ajouter l'invocation de votre bon ange et des saintes
personnes qui se trouveront au mystère
que vous méditez; comme en celui de la
mort de Notre-Seigneur, vous pourrez
invoquer Notre-Dame, saint Jean, la
Madeleine, le bon larron, afin que les sentiments et mouvements intérieurs qu'ils
y reçurent vous soient communiqués; et
en la méditation de votre mort, vous
pourriez invoquer votre bon ange qui se
trouvera présent, afin qu'il vous inspire
des considérations convenables, et ainsi
des autres mystères.

CHAPITRE IV

De la proposition du mystère, troisième point de la préparation

Après ces deux points ordinaires de la
méditation, il y en a un troisième qui n'est

pas commun à toutes sortes de méditations, c'est celui que les uns appellent fa-
brication du lieu, et les autres leçon intérieure. Or ce n'est autre chose que de
proposer à son imagination le corps du
mystère que l'on veut méditer, comme
s'il se passait réellement et de fait en
notre présence. Par exemple si vous voulez méditer Notre-Seigneur en croix,
vous vous imaginerez d'être au mont du
Calvaire, et que vous voyez tout ce qui se
fit et se dit au jour de la Passion ; ou si
vous voulez (car c'est tout un), vous vous
imaginerez qu'au lieu même où vous êtes
se fait le crucifiement de Notre-Seigneur,
en la façon que les Évangélistes le dé-
crivent. J'en dis de même quand vous
méditerez la mort, comme aussi dans la
méditation de l'enfer et en tous semblables mystères, où il s'agit de choses vi-
sibles et sensibles ; car quant aux autres
mystères de la grandeur de Dieu, de

l'excellence des vertus, de la fin pour laquelle nous sommes créés, qui sont des
choses invisibles, il n'est pas question de
vouloir se servir de cette sorte d'imagination. Il est vrai que l'on peut bien employer quelque similitude et comparaison
pour aider à la considération ; mais cela
est parfois difficile à rencontrer, et je ne
veux traiter avec vous que fort simplement, et en sorte que votre esprit ne soit
pas beaucoup travaillé à faire des inven-
tions.

Or, par le moyen de cette imagination,
nous enfermons notre esprit dans le mystère que nous voulons méditer, afin qu'il
n'aille pas courant çà et là, ni plus ni
moins que l'on enferme un oiseau dans une
cage, ou bien comme l'on attache l'éper-
vier à ses longes, afin qu'il demeure sur
le poing. Quelques-uns vous diront néanmoins qu'il est mieux d'user de la simple
pensée de la foi et d'une simple appré-

hension toute mentale et spirituelle, en la présentation de ces mystères, ou bien de considérer que les choses se font en votre esprit, mais cela est trop subtil pour le commencement ; et, jusques à ce que Dieu vous élève plus haut, je vous conseille de vous retenir en la basse vallée que je vous montre.

CHAPITRE V

Des considérations, seconde partie de la méditation

Après l'action de l'imagination, s'ensuit l'action de l'entendement, que nous appelons méditation, qui n'est autre chose qu'une ou plusieurs considérations faites afin d'émouvoir nos affections en Dieu et aux choses divines, en quoi la méditation est différente de l'étude et des autres pensées et considérations, lesquelles ne se font pas pour acquérir la vertu ou l'amour de Dieu, mais pour quelques autres fins et intentions, comme pour devenir savant pour en écrire ou disputer. Ayant donc enfermé votre esprit, comme j'ai dit, dans l'enclos du sujet que vous voulez méditer, ou par l'imagination si le sujet est sensible, ou par la simple proposition, s'il est insensible, vous commencerez à faire sur ce sujet des considérations dont vous verrez des exemples tout formés dans les méditations que je vous ai données (ou dans d'autres livres). Que si votre esprit trouve assez de goût, de lumière et de fruit sur l'une des considérations, vous vous y arrêterez sans passer plus avant ; faisant comme les abeilles qui ne quittent point la fleur tandis qu'elles y trouvent du miel à recueillir. Mais si vous ne rencontrez pas selon votre souhait, en l'une des considérations, après avoir un peu marchandé et essayé, vous passerez à une autre ; mais allez tout bel-

lement et simplement en cette besogne
sans vous y empresser.

CHAPITRE VI

Des affections et résolutions, troisième partie de
la méditation

La méditation répand de bons mouvements en la volonté ou partie affective de
notre âme, comme sont l'amour de Dieu
et du prochain, le désir du paradis et de
la gloire, le zèle du salut des âmes, l'imitation de la vie de Notre-Seigneur, la
compassion, l'admiration, la réjouissance,
la crainte de la disgrâce de Dieu, du jugement et de l'enfer; la haine du péché,
la confiance en la bonté et miséricorde de
Dieu, la confusion pour notre mauvaise vie
passée; et en ces affections notre esprit se
doit épancher et étendre le plus qu'il lui
sera possible.

Il ne faut pas pourtant s'arrêter à ces

affections générales, sans les convertir en
des résolutions spéciales et particulières
pour votre correction et amendement. Par
exemple, la première parole que Notre-
Seigneur dit sur la croix (*mon Père,
pardonnez-leur, car ils ne savent ce
qu'ils font*) répandra sans doute une bonne
affection d'imitation en votre âme, à savoir le désir de pardonner à vos ennemis
et de les aimer; or, je dis maintenant que
cela est peu de chose, si vous n'y ajoutez
une résolution spéciale de cette sorte : or
sus donc, je ne me piquerai plus de telles
paroles fâcheuses, qu'un tel et une telle,
mon voisin ou ma voisine, mon domestique ou ma domestique disent de moi, ni
de tel et tel mépris qui m'est fait par celui-
ci ou celui-là : au contraire je dirai et ferai
telle et telle chose pour le gagner et
adoucir, et ainsi des autres. Par ce moyen
vous corrigerez vos fautes en peu de
temps, là où, par les seules affections, vous

le ferez tard et malaisément (et même
pas du tout).

CHAPITRE VII

De la conclusion et bouquet spirituel

Enfin il faut conclure la méditation par
trois actions, qu'il faut faire avec le plus
d'humilité que l'on peut.

La première, *c'est l'action de grâces*,
remerciant Dieu des affections et résolutions qu'il nous a données, et de sa bonté
et miséricorde, que nous avons décou-
vertes au mystère de la méditation.

La seconde, *c'est l'action d'offrande*,
par laquelle nous offrons à Dieu sa même
bonté et miséricorde, la mort, le sang, les
vertus de son Fils et ensemble nos affections et résolutions.

La troisième action est *celle de la demande*, par laquelle nous demandons à
Dieu et le conjurons de nous communi-

quer les grâces et vertus de son Fils, et
de donner la bénédiction à nos affections
et résolutions, afin que nous les puissions
fidèlement exécuter : puis nous prions de
même pour l'Église, pour nos pasteurs,
parents, amis et autres, employant à cela
l'intercession de Notre-Dame, des anges,
des saints ; enfin j'ai remarqué qu'il fallait dire le *Pater Noster* et *Ave Maria*,
qui est la générale et nécessaire prière de
tous les fidèles.

A tout cela j'ai ajouté qu'il fallait
cueillir un petit bouquet de dévotion, et
voici ce que je veux dire : ceux qui se
sont promenés en un beau jardin n'en sor-
tent pas volontiers sans prendre en leur
main quatre ou cinq fleurs pour les odo-
rer et tenir le long de la journée ; ainsi,
notre esprit ayant discouru sur quelque
mystère par la méditation, nous devons
choisir un, ou deux, ou trois points que nous
aurons trouvés plus à notre goût et plus

propres à notre avancement pour nous en
ressouvenir le reste de la journée et les
adorer spirituellement. Or, cela se fait sur
le lieu même auquel nous avons fait la méditation, en nous y entretenant ou prome-
nant solitairement quelque temps après.

CHAPITRE VIII

Quelques avis très-utiles sur la méditation.

Il faut surtout qu'au sortir de votre
méditation vous reteniez les résolutions et
délibérations que vous aurez prises pour
les pratiquer soigneusement ce jour-là.
C'est le grand fruit de la méditation, sans
lequel elle est bien souvent non-seulement inutile, mais nuisible; parce que les
vertus méditées et non pratiquées enflent
quelquefois l'esprit et le courage, nous
étant bien avis que nous sommes tels que
nous avons résolu et délibéré d'être, ce
qui est sans doute véritable, si les réso-

lutions sont vives et solides ; mais elles
ne sont pas telles, elles sont vaines et dangereuses, si elles ne sont pas pratiquées.
Il faut donc par tous les moyens s'essayer
de les pratiquer et en chercher les occasions petites ou grandes. Par exemple :
si j'ai résolu de gagner par douceur l'esprit de ceux qui m'offensent, je cherche-
rai ce jour-là de les rencontrer pour les
saluer amiablement ; et si je ne puis les
rencontrer, au moins de dire du bien d'eux,
et prier Dieu en leur faveur.

Au sortir de cette oraison cordiale, il
vous faut prendre garde de ne point donner
de secousse à votre cœur, car vous épan-
cheriez le baume que vous avez reçu par
le moyen de l'oraison : je veux dire qu'il
faut garder, s'il est possible, un peu de
silence, et remuer tout doucement votre
cœur, de l'oraison aux affaires, retenant
le plus longtemps qu'il vous sera possible
le sentiment et les affections que vous

aurez conçues. Un homme qui aurait reçu
dans un vaisseau de belle porcelaine quelque liqueur de grand prix, pour l'apporter
dans sa maison, irait tout doucement, ne
regardant point à côté, mais tantôt devant
soi, de peur de heurter quelque pierre,
faire quelque mauvais pas, tantôt à son
vase, pour voir s'il ne penche point : vous
en devez faire de même au sortir de la
méditation. Ne vous distrayez pas tout à
coup, mais regardez simplement devant
vous ; à moins qu'il ne vous faille rencontrer quelqu'un que vous soyez obligée
d'entretenir ou d'entendre ; alors il s'y
faut accommoder, mais en telle sorte que
vous regardiez aussi à votre cœur, afin
que la liqueur de la sainte oraison ne s'é-
panche que le moins qu'il sera possible.

Il faut même que vous vous accou-
tumiez à savoir passer de l'oraison à
toutes sortes d'actions que votre vocation
et profession requièrent justement et

légitimement de vous, quoiqu'elles sem-
blent bien éloignées des affections que
nous avons reçues en l'oraison. Je veux
dire : un avocat doit savoir passer de
l'oraison à la plaidoirie, le marchand au
trafic, la femme mariée au devoir de son
mariage et au tracas de son ménage,
avec tant de douceur et de tranquillité
que pour cela son esprit n'en soit point
troublé; car puisque l'un et l'autre sont
selon la volonté de Dieu, il faut faire le
passage de l'un à l'autre en esprit d'humilité et dévotion.

Il vous arrivera quelquefois qu'aussitôt après la préparation, votre affection se trouvera tout émue en Dieu;
alors il lui faut lâcher la bride sans vouloir suivre la méthode que je vous ai
donnée; car, bien que pour l'ordinaire la
considération doit précéder les affections
et résolutions, si est-ce que le Saint-
Esprit vous donnant les affections avec

la considération, vous ne devez pas rechercher la considération puisqu'elle ne
se fait que pour émouvoir l'affection. —
Bref, toujours quand les affections se
présenteront à vous, il les faut recevoir,
et leur faire place, soit qu'elles arrivent
avant ou après toutes les considérations ;
et quoique j'aie mis les affections après
toutes les considérations, je ne l'ai fait
que pour mieux distinguer les parties de
l'oraison : car, au demeurant, c'est une
règle générale qu'il ne faut jamais retenir les affections, mais les laisser toujours sortir quand elles se présentent.
Ce que je dis, non-seulement pour les
autres affections, mais aussi pour l'action
de grâces, l'offrande et la prière, qui se
peuvent faire parmi les considérations ;
car il ne les faut non plus retenir que les
autres affections, bien que, par après,
pour la conclusion de la méditation, il
faille les répéter et reprendre. Mais

quant aux résolutions il les faut faire
après les affections et sur la fin de toute
la méditation, avant la conclusion, d'autant qu'ayant à nous représenter des objets particuliers et familiers, elles nous
mettraient en danger d'entrer en des distractions, si nous les faisions parmi les
affections.

Parmi les affections et résolutions, il
est bon d'user de colloque et parler tantôt
à Notre-Seigneur, tantôt aux anges et
aux personnes représentées dans les mystères, aux saints et à soi-même, à son
cœur, aux pécheurs et même aux créatures insensibles, comme l'on voit que
David fait en ses psaumes, et les autres
saints en leurs méditations et oraisons.

CHAPITRE IX

Des sécheresses qui arrivent en la méditation.

S'il vous arrive de n'avoir point de
goût ni de consolation en la méditation,

je vous conjure de ne point vous troubler; mais quelquefois ouvrez la porte
aux prières vocales; lamentez-vous de
vous-même à Notre-Seigneur; confessez
votre indignité, priez-le qu'il vous vienne
en aide, baisez son image, si vous l'avez;
dites-lui ces paroles de Jacob : *Je ne
vous laisserai point, Seigneur, que
vous ne m'ayez donné votre bénédiction;* ou celle de la Chananéenne : *Oui,
Seigneur, je suis une chienne, mais les
chiens mangent des miettes de la table
de leur maître.*

D'autres fois, prenez un livre en main,
et le lisez avec attention, jusqu'à ce que
votre esprit soit réveillé et remis en
vous. Piquez quelquefois votre cœur par
quelque contenance et mouvement de dévotion extérieure, vous prosternant en
terre, croisant les mains sur l'estomac,
embrassant un crucifix : cela s'entend si
vous êtes en quelque lieu retiré. Que si

après tout cela vous n'êtes point consolée, pour grande que soit votre sécheresse, ne vous troublez point; mais conti-
nuez à vous tenir en une contenance dévote
devant votre Dieu. Combien de courti-
sans y a-t-il qui vont cent fois l'année
en la .chambre du prince sans espérance
de lui parler, mais seulement pour être
vus de lui et rendre leur devoir. — Ainsi
devons-nous venir à la sainte oraison,
purement et simplement pour rendre
notre devoir et témoigner notre fidélité.

Que s'il plaît à la divine Majesté de
nous parler et de s'entretenir avec nous,
avec ses saintes inspirations et consolations intérieures, ce nous sera sans doute
un grand honneur et un plaisir très-dé-
licieux; mais s'il ne lui plaît pas de nous
faire cette grâce, nous laissant là sans
nous parler, non plus que s'il ne nous
voyait pas et que nous ne fussions pas en

sa présence, nous ne devons pourtant pas
sortir : mais au contraire nous devons
demeurer là devant cette souveraine
bonté, avec un maintien dévotieux et pai-
sible ; et alors infailliblement il agréera
notre patience et remarquera notre assi-
duité et persévérance, en sorte qu'une
autre fois, quand nous reviendrons devant
lui, il nous favorisera et s'entretiendra
avec nous par ses consolations, nous faisant voir l'aménité de la sainte oraison.
Mais quand il ne le ferait pas, conten-
tons-nous que ce nous est un honneur
trop grand d'être auprès de lui· et à sa
vue (1).

(1) *Introduction à la vie dévote* , II° partie. . Les conseils que donne saint François de
Sales sur l'oraison mentale , soit dans ses divers traités, soit dans ses lettres, se rapportent
tous ou presque tous à ce qu'il a écrit dans cette
partie de l'*Introduction*. Nous avons donc cru
devoir nous contenter de ce que nous citons ici.

Tous les remèdes contre la sécheresse sont bons contre les distractions ; au demeurant, quoi qu'il arrive, il ne faut jamais se laisser surprendre de la tristesse et inquiétude. Mais soit que notre oraison ait été douce et savoureuse, soit qu'elle ait été sèche et sans goût, il faut s'en retirer toujours en paix, avec intention de servir Dieu toujours fidèlement tout le reste de la journée (1).

(1) Opuscules.

Pour mieux faire comprendre la méthode exposée par S. François de Sales dans les pages qui précèdent, nous donnons ici une méditation extraite de la première partie de l'*Introduction à la vie dévote*. Toutes les autres sont, pour ainsi dire, calquées sur le même modèle.

MÉDITATION SUR LA MORT

PRÉPARATION

1° Mettez-vous en la présence de Dieu.

2° Demandez-lui sa grâce.

3° Imaginez-vous d'être malade à l'extrémité dans le lit de la mort, sans espérance aucune d'en échapper.

CONSIDÉRATION

1. Considérez l'incertitude du jour de votre mort. O mon âme, vous sortirez un jour de ce corps. Quand sera-ce, en hiver ou en été? en la ville ou au village? de jour ou de nuit? sera-ce à l'imprévu ou en étant avertie? sera-ce de

maladie ou d'accident ? aurez-vous le loisir de vous confesser ou non ? serez-vous assistée de votre confesseur et père spirituel ? Hélas ! de tout cela nous n'en savons rien du tout ; seulement cela est assuré que nous mourrons, toujours plus tôt que nous ne pensons.

2. Considérez qu'alors le monde finira pour ce qui vous regarde, il n'y en aura plus pour vous : il renversera sens dessus dessous devant vos yeux ; oui, car alors les vanités, les joies mondaines, les affections vaines nous apparaîtront comme des fantômes et des nuages. Ah ! chétive, pour quelles bagatelles et chimères ai-je offensé mon Dieu ! Vous verrez que nous avons quitté Dieu pour le néant. — Au contraire la dévotion et les bonnes œuvres vous sembleront alors si désirables et douces ! Et pourquoi n'ai-je pas suivi ce beau et gracieux chemin ? Alors les péchés qui semblaient bien petits paraî-

tront gros comme des montagnes, et votre
dévotion bien petite.

3. Considérez les grands et langoureux
adieux que votre âme dira à ce bas monde:
elle dira adieu aux richesses, aux vanités
et vaines compagnies, aux plaisirs, aux
passe-temps, aux amis et voisins, aux
parents, aux enfants, au mari, à la femme,
bref à toute créature, et en fin finale à
son corps qu'elle délaissera pâle, hâve,
défait, hideux et puant.

4. Considérez les empressements qu'on
aura pour lever ce corps-là et le cacher
en terre, et que cela fait, le monde ne
pensera plus guère à vous, ni n'en fera
plus mémoire, non plus que vous n'avez
guère pensé aux autres. Dieu lui fasse
paix! dira-t-on, et puis c'est tout. O
mort que tu es impitoyable!

5. Considérez qu'au sortir du corps
l'âme prend son chemin, ou à droite, ou
à gauche. Hélas! où ira la vôtre? quelle

voie tiendra-t-elle ? Pas d'autre que celle qu'elle aura commencée en ce monde.

AFFECTIONS ET RÉSOLUTIONS.

1. Priez Dieu et jetez-vous entre ses bras : Seigneur, recevez-moi en votre protection pour ce jour effroyable. Rendez-moi cette heure heureuse et favorable, et que plutôt toutes les autres heures de ma vie me soient tristes et d'affliction.

2. Méprisez le monde : Puisque je ne sais pas l'heure en laquelle il faut te quitter, ô monde, je ne me veux point attacher à toi ; ô mes chers amis, mes chers alliés et parents, permettez-moi que je ne vous affectionne plus que par une amitié sainte, laquelle puisse durer éternellement; car pourquoi m'unir à vous, en sorte qu'il faille quitter et rompre la liaison.

Je me veux préparer à cette heure, et prendre le soin requis pour faire ce passage heureusement : je veux assurer l'état de ma conscience de tout mon pouvoir, et veux mettre ordre à tels et tels manquements.

CONCLUSION.

Remerciez Dieu de ces résolutions qu'il vous a données ; offrez-les à sa Majesté ; suppliez-la de nouveau qu'elle vous rende votre mort heureuse, par le mérite de celle de son Fils.

Implorez l'aide de la sainte Vierge et des Saints. *Pater. Ave Maria.*

Faites le petit bouquet spirituel.

MÉTHODE

pour faire

UNE LECTURE MÉDITÉE

Bien des personnes ne savent comment faire oraison, comment méditer; elles désireraient se livrer à ce saint exercice ; mais, ne connaissant aucune méthode à leur portée, elles se découragent et n'osent même pas essayer. Cependant il n'en est aucune qui ne puisse, suivant le mot de sainte Thérèse, *faire quelque chose.*

En effet, qu'elles commencent par lire chaque matin quelques passages d'un livre de piété, qu'elles tâchent de réfléchir sur ce qu'elles liront, d'en retenir une ou deux pensées, de prendre ensuite une bonne résolution pour la journée ; surtout qu'elles demandent à Notre-Seigneur la science de la prière en lui disant souvent comme les apôtres : *Seigneur, en-*

10

seignez-nous à prier, et peu à peu leur âme se recueillera, leur esprit réfléchira, méditera; bientôt même, si elles sont humbles, courageuses et fidèles, elles pourront s'adonner à l'oraison et en retirer de grands fruits.

Voici la méthode simple et facile qu'elles peuvent suivre en commençant :

PRÉPARATION

Lisez la veille au soir les passages que vous devrez relire et méditer le lendemain. — Pensez-y encore le matin à votre lever.

I. *Commencez :*

1° — Par bien vous mettre en *la présence de Dieu* et par l'adorer.

2° — Demandez-lui pardon de vos fautes en général. Humiliez-vous et faites votre acte de contrition.

3° — Implorez les lumières du St-
Esprit et l'assistance de la très-
sainte Vierge.

II. Lisez ensuite le sujet d'oraison ou
les passages sur lesquels vous devez méditer, et que vous avez déjà parcourus la
veille.

Lisez *lentement* avec *beaucoup d'attention;* arrêtez-vous de temps en temps,
surtout sur ce qui vous frappera davantage. — Dans ces moments, réfléchissez
sur ce que vous avez lu, appliquez-vous
ces vérités à vous-mêmes. — Voyez si
vous faites ce que vous lisez. — Si vous
ne l'avez pas pratiqué jusqu'alors, humiliez-vous et demandez-en pardon au bon
Dieu, vous proposant de le pratiquer à
l'avenir.

Essayez de parler au bon Dieu, comme
le dit sainte Thérèse, de lui exposer les
imperfections et les misères de votre
âme. — Remerciez-le des grâces qu'il

vous a faites. — demandez-lui de vous
les continuer, de les augmenter encore.
— Prenez la résolution d'en mieux profiter.

Vous apprendrez ainsi à vous mieux
connaître, et si vous êtes généreuse, à
vous corriger de vos défauts. — Surtout
ayez confiance; jamais de découragement,
quand même vous ne réussiriez pas au gré
de vos désirs; — persévérez toujours :
la grâce de Dieu et l'habitude vous ren-
dront possible et même facile ce saint et
utile exercice. — N'oubliez pas qu'il faut
y donner toujours le même temps, malgré
l'ennui, malgré le dégoût.

III. *Terminez :*

1° — En demandant pardon à Dieu de
vos distractions, négligences, etc.

2° — En le remerciant de vous avoir
soufferte en sa présence, et de toutes les
grâces qu'il aura pu vous faire.

3° — En prenant une ou deux résolulutions que vous vous rappellerez et que vous tâcherez de mettre en pratique le jour même.

Récitez ensuite le *Souvenez-vous* ou l'*Ave Maria,* pour remettre tout entre les mains de la sainte Vierge.

MÉTHODE

Pour entendre

LA SAINTE MESSE

Parmi les nombreuses méthodes que l'on trouve pour entendre la messe, nous avons choisi celle-ci : — d'abord parce qu'elle est de saint François de Sales — et ensuite parce que, rappelant à chaque partie du saint sacrifice une circonstance de la Passion du Sauveur, elle pourra aider à méditer et à suivre la messe tout à la fois.

Nous appuyons sur ces mots : *méditer et suivre la messe tout à la fois*, parce que beaucoup de personnes ne croient pas que ces deux choses puissent se faire en même temps. Rien n'est cependant plus certain, et pour cela, il suffit de s'unir à Notre-Seigneur et au prêtre qui célèbre, — au commencement de la messe, — à l'offertoire, — à la consécration et à la

communion. Les autres moments seront
employés utilement à la méditation, plus
fervente alors, peut-être, qu'en tout autre
temps.

Quant à la méthode suivante, nous devons faire remarquer que l'on pourra,
chacun suivant ses dispositions, — ou se
contenter de réciter les prières composées
par saint François de Sales — ou méditer
quelques instants chacune des circonstances de la Passion, à mesure qu'elles
sont indiquées, — ou enfin, si le bon Dieu
donne une plus grande facilité, contempler,
comme le conseille sainte Thérèse, (p. 35
et 46), un seul de ces mystères, aussi
longtemps que l'on y trouvera de l'attrait.

Comprise ainsi, cette méthode peut être
de la plus grande utilité pour le bien des
âmes, en leur procurant des grâces nombreuses et les faisant avancer dans le chemin de l'oraison qui est aussi celui de la
perfection.

MÉTHODE

Pour entendre

LA SAINTE MESSE

tirée des ouvrages de saint François de Sales.

———————

On célèbre la sainte messe en mémoire de la Passion de Notre-Seigneur Jésus-Christ, comme il a commandé à ses apôtres, leur donnant son corps et son sang, et leur disant : *Faites cela en mémoire de moi*, comme s'il voulait dire : souvenez-vous que j'ai souffert pour votre salut, pratiquez donc ce mystère pour vous et pour les vôtres.

L'entrée du prêtre à l'autel

Jésus entre dans le jardin

Mon Seigneur Jésus, Fils du Dieu vivant, qui avez voulu être saisi de crainte et de tristesse à l'heure de votre

Passion, donnez-moi la grâce de vous consacrer tous mes ennuis. O Dieu de mon
cœur, aidez-moi à les endurer dans l'u-
nion de vos souffrances et tristesses, afin
que, par le mérite de votre Passion, ils
me soient rendus salutaires. Ainsi soit-il.

Au commencement de la messe

Les prières de Jésus au jardin

Mon Seigneur Jésus, Fils du Dieu vivant, qui avez voulu être conforté lorsque
vous priiez au jardin des Olives, faites
que, par la vertu de votre oraison, votre
saint Ange m'assiste toujours en mes
prières.

Au Confiteor

Jésus se prosterne à terre

Mon Seigneur Jésus, qui avez sué du
sang par tous vos membres et dans l'excès
de votre douleur, lorsqu'étant réduit à
l'agonie vous priiez le Père éternel au jardin, faites que, par le souvenir de votre

Passion, je puisse participer à vos douleurs divines, et qu'au lieu de sang je
verse des larmes pour mes péchés.

Lorsque le prêtre baise l'autel

Jésus est trahi par le baiser de Judas

Mon Seigneur Jésus, qui avez enduré
le baiser du traître Judas, faites-moi la
grâce de ne vous trahir jamais, et de rendre à mes calomniateurs les offices d'une
amitié chrétienne. Ainsi-soit-il.

Lorsque le prêtre va vers le livre (à droite)

Jésus est emmené prisonnier

Mon Seigneur Jésus, qui avez bien
voulu être garrotté par les mains des méchants, rompez les chaînes de mes péchés,
et retenez-moi tellement par les liens de
la charité et de vos commandements, que
les puissances de mon âme et de mon
corps ne s'échappent point à commettre
aucune chose qui soit contraire à votre
sainte volonté.

Lorsque le prêtre lit l'*Introït*
Jésus est souffleté

Mon Seigneur Jésus, qui avez voulu être conduit comme un criminel à la maison d'Anne, faites-moi la grâce de ne pas être attiré au péché par l'esprit malin ou par les hommes pervers, mais d'être guidé par votre Saint-Esprit à tout ce qui est agréable à votre divine volonté. Ainsi soit-il.

Au Kyrie éléïson
Jésus est renié par Pierre

Mon Seigneur Jésus, qui avez permis d'être trois fois renié en la maison de Caïphe par le prince des Apôtres, préservez-moi des mauvaises compagnies, afin que le péché ne me sépare jamais de vous. Ainsi soit-il.

Au Dominus vobiscum
Jésus regarde Pierre et le convertit

Mon Seigneur Jésus, qui par un regard

de votre amour avez tiré des yeux de
saint Pierre les larmes d'une véritable
pénitence, faites, par votre miséricorde,
que je pleure amèrement mes péchés et
que je ne vous renie jamais de fait ou de
paroles, vous qui êtes mon Seigneur et mon
Dieu. Ainsi-soit-il.

A l'Épître

Jésus est mené chez Pilate

Mon Seigneur Jésus, qui avez voulu être
mené devant Pilate, et accusé faussement
en sa présence, apprenez-moi le moyen
d'éviter les tromperies des méchants, et
de professer votre foi par la pratique des
bonnes œuvres. Ainsi soit-il.

Au Munda cor meum

Jésus est mené chez Hérode

Mon Seigneur Jésus, qui, étant en la
présence d'Hérode, avez souffert les faus-
ses accusations sans répliquer un seul mot,

donnez-moi la force d'endurer courageusement les injures des calomniateurs,
et de ne pas publier aux indignes les sa-
crés mystères. Ainsi soit-il.

A l'Évangile

Jésus est moqué et renvoyé à Pilate

Mon Seigneur Jésus, qui avez souffert
d'être renvoyé d'Hérode chez Pilate, qui
devinrent amis par ce moyen, faites-moi la
grâce de ne pas craindre les conspirations
que les méchants font contre moi, mais d'en
tirer du profit, afin d'être digne de vous
être conforme. Ainsi soit-il.

Lorsque le prêtre découvre le calice

Jésus est dépouillé de ses vêtements

Mon Seigneur Jésus, qui avez voulu
être dépouillé de vos habits et cruelle-
ment fouetté pour mon salut, faites-moi la
grâce de me décharger de mes péchés par
une bonne confession, afin de ne pas pa-

raître devant vos yeux dépouillé des vertus chrétiennes. Ainsi soit-il.

A l'Offertoire

Jésus est fouette

Mon Seigneur Jésus, qui avez voulu
être lié à la colonne et déchiré à coups
de fouets, donnez-moi la grâce d'endurer patiemment les fléaux de votre correction paternelle et de ne vous point affliger dorénavant par mes péchés. Ainsi
soit-il.

Lorsque le prêtre recouvre le callce

Jésus est couronné d'épines

Mon Seigneur Jésus, qui avez voulu
être couronné d'épines pour moi, faites
que je sois tellement piqué par les épines
de la pénitence en ce monde, que je mérite d'être couronné au ciel. Ainsi soit-il.

Lorsque le prêtre lave ses mains

Pilate se lave les mains

Mon Seigneur Jésus, Fils du Dieu vi-

vant, qui étant déclaré innocent par la
sentence du président Pilate, avez souffert
les impostures et les reproches des Juifs,
donnez-moi la grâce de vivre dans l'inno-
cence, et de ne me point inquiéter de mes
ennemis. Ainsi soit-il.

A l'Orate fratres

Pilate dit aux Juifs : *Ecce homo*

Mon Seigneur Jésus, qui avez voulu être
bafoué pour moi en présence des Juifs,
portant les marques de leurs risées, faites
que je ne ressente point le chatouillement
de la vaine gloire, et que je paraisse au
jugement sous l'enseigne de ces marques
mystiques. Ainsi soit-il.

A la Préface

Jésus est condamné à mort

Mon Seigneur Jésus, qui avez voulu ,
quoique innocent, être condamné pour moi
au supplice de la croix, donnez-moi la
force de soutenir la sentence d'une mort

cruelle pour **votre amour, et** de ne redou-
ter pas les faux jugements des hommes,
et de ne juger personne injustement. Ainsi
soit-il.

Au Memento des vivants

Jésus porte sa croix

Mon Seigneur Jésus, qui avez porté la
croix pour moi sur vos épaules, faites que
j'embrasse volontairement la croix de la
mortification, et que je la porte journelle-
ment pour votre amour. Ainsi soit-il.

A l'Hanc igitur

Sainte Véronique essuie la face de N.-Seigneur

Mon Seigneur Jésus, qui, marchant au
supplice de la croix, avez dit aux femmes
qui pleuraient pour l'amour de vous,
qu'elles devaient pleurer pour elles -
mêmes, donnez-moi la grâce de bien pleurer mes péchés, donnez-moi les larmes
d'une sainte compassion et d'un saint
amour, qui me rendent agréable à votre
divine Majesté. Ainsi soit-il.

11

A la Consécration

Jésus est attaché à la croix

Mon Seigneur Jésus, qui avez voulu être attaché à la croix, y attachant avec vous l'obligation de nos péchés et de la mort, percez ma chair d'une sainte crainte, afin qu'embrassant fortement vos commandements, je sois toujours attaché à votre croix. Ainsi soit-il.

A l'élévation de la sainte hostie

Jésus crucifié est élevé de terre

Mon Seigneur Jésus, qui avez voulu être élevé en croix, et exalté de la terre pour moi, retirez-moi des affections terrestres, élevez mon esprit à la considération des choses célestes. Ainsi soit-il.

L'élévation du calice

Le sang de Jésus coule de ses plaies

Mon Seigneur Jésus, qui avez fait couler de vos plaies salutaires la fontaine de vos grâces, faites que votre sang précieux me fortifie contre les mauvais désirs, et me soit un remède salutaire à tous mes péchés. Ainsi soit-il.

Au Memento des défunts
Jésus prie pour les hommes

Mon Seigneur Jésus, qui, étant attaché à la croix, avez prié votre Père pour les hommes, même pour vos bourreaux, donnez-moi l'esprit de douceur et de patience qui me fasse aimer mes ennemis, rendre le bien pour le mal, suivant votre exemple et vos commandements. Ainsi soit-il.

Au Nobis quoque peccatoribus
La conversion du bon larron

Mon Seigneur Jésus, qui avez promis la gloire du paradis au larron qui se repentait de ses péchés, regardez-moi des yeux de votre miséricorde, afin qu'à l'heure de ma mort vous disiez à mon âme : Aujourd'hui tu seras avec moi au Paradis. Ainsi soit-il.

Au Pater

Les sept paroles de Jésus en croix

Mon Seigneur Jésus, qui, étant attaché à la croix, avez recommandé votre sainte Mère au disciple bien-aimé, et le disciple à votre Mère, faites-moi la grâce de me recevoir sous votre protection, afin que, me préservant parmi les dangers de cette vie, je sois du nombre de vos amis. Ainsi soit-il.

A la division de la sainte hostie

Jésus meurt en croix

Mon Seigneur Jésus, qui, mourant en la croix pour mon salut, avez recommandé votre âme au Père éternel, faites que je meure avec vous spirituellement, afin qu'à l'heure de ma mort je rende mon âme entre vos mains. Ainsi soit-il.

Quand le prêtre met une particule de l'hostie dans le calice

L'âme de Jésus descend dans les Limbes

Mon Seigneur Jésus , qui, après avoir
terrassé les puissances du démon , êtes
descendu aux Limbes et avez délivré les
âmes qui s'y trouvaient détenues, faites,
je vous prie, descendre en purgatoire la
vertu de votre sang et de votre Passion
sur les âmes des fidèles trépassés, afin
qu'étant absoutes de leurs péchés, elles
soient reçues dans votre sein, et jouissent
de la paix éternelle. Ainsi soit-il.

A l'Agnus Dei

La conversion de plusieurs à la mort de N.-S.

Mon Seigneur Jésus, plusieurs ont dé-
ploré leurs péchés par la considération de
vos souffrances ; faites-moi la grâce, par
les mérites de votre Passion douloureuse
et de votre mort, de concevoir une parfaite contrition de mes offenses, et que

désormais je cesse de vous offenser. Ainsi
soit-il.

A la Communion
Jésus est enseveli

Mon Seigneur Jésus , qui avez voulu
être enseveli dans un tombeau nouveau,
donnez-moi un cœur nouveau, afin qu'é-
tant enseveli avec vous, je parvienne à la
gloire de la résurrection. Ainsi soit-il.

Aux dernières ablutions
Jésus est embaumé

Mon Seigneur Jésus, qui avez voulu
mourir, être embaumé, enveloppé d'un
linge net par Joseph et Nicodème, donnez-moi la grâce de recevoir dignement
votre saint corps au sacrement de l'autel,
et dans mon âme embaumée des précieux
parfums de vos vertus. Ainsi soit-il.

Après la Communion
La résurrection de Jésus

Mon Seigneur Jésus, qui êtes sorti vic-
torieux et triomphant du sépulcre fermé

et scellé, faites-moi la grâce que, ressuscitant du tombeau de mes vices, je marche dans une nouvelle vie, afin que, lorsque vous paraîtrez dans votre gloire, j'y paraisse aussi avec vous. Ainsi soit-il.

Au Domius vobiscum

Jésus apparaît à ses disciples

Mon Seigneur Jésus, qui avez réjoui votre chère Mère et vos disciples, leur apparaissant après votre résurrection, donnez-moi cette grâce que, puisque je ne puis vous voir en cette vie mortelle, je vous contemple en l'autre dans votre gloire. Ainsi soit-il.

Aux dernières Oraisons

Jésus converse avec ses disciples pendant quarante jours

Mon Seigneur Jésus, qui, après votre résurrection, avez daigné converser l'espace de quarante jours avec vos disciples, et leur avez enseigné les mystères de la

foi, ressuscitez en moi et affermissez-moi
dans la croyance de vos divines vérités.
Ainsi soit-il.

Au dernier Dominus vobiscum

Jésus monte au ciel

Mon Seigneur Jésus, qui êtes monté
glorieux au ciel en présence de vos disciples, après avoir accompli le nombre de
quarante jours, faites-moi la grâce que
mon âme se dégoûte, pour votre amour, de
toutes les choses de la terre, qu'elle aspire
à l'éternité, et qu'elle vous désire comme
le comble de la félicité. Ainsi soit-il.

A la Bénédiction

La descente du Saint-Esprit

Mon Seigneur Jésus, qui avez donné le
Saint-Esprit à vos disciples persévérant
unanimement dans l'Oraison, épurez, je
vous prie, l'intérieur de mon cœur, afin
que le divin Consolateur, trouvant un sé-
jour agréable en mon âme, l'embellisse de

ses dons, de ses grâces et de sa consolation. Ainsi soit-il.

ACTION DE GRACES AFRÈS LA MESSE.

Mon Seigneur Jésus, Fils de Dieu, mon Rédempteur, je vous remercie de ce que vous m'avez fait la grâce d'entendre aujourd'hui la sainte messe; je vous prie par les mérites de ce divin sacrifice de me donner l'esprit et la force de résister toujours à toutes les mauvaises tentations, afin que, sortant de ce monde, je sois digne du Paradis. Ainsi soit-il.

DES RETRAITES

De même que les commerçants, désireux d'arriver à la fortune, se rendent
compte de toutes leurs opérations, chaque
jour, chaque semaine et surtout chaque
année; ainsi devons-nous agir lorsqu'il
est question du soin et du salut de notre
âme, infiniment plus précieuse que tous
les biens de la terre.

Les personnes véritablement pieuses
ne manquent point de se recueillir et de
voir où elles en sont avec leur conscience
et avec Dieu : — chaque soir par un
examen que sa brièveté n'empêche point
d'être sérieux, — chaque mois et principalement chaque année par une retraite. La retraite, en effet, est le meilleur
moyen de mettre ordre aux affaires de
notre âme, de fixer notre attention sur
nous-mêmes, de nous connaître, de dis-

siper nos illusions, de renoncer au péché,
de briser la routine, enfin de raviver en
nous l'esprit chrétien et d'y ranimer la
ferveur qui passe si vite.

L'exemple de tous les saints et de tous
les chrétiens qui s'appliquent sérieusement à l'œuvre de leur sanctification, les
encouragements du Chef de l'Eglise, les
nombreuses indulgences qu'il accorde,
enfin notre intérêt le plus cher nous doivent engager à faire les plus généreux
efforts pour ne point négliger cette
grande grâce de la retraite.

On s'excuse en alléguant les affaires et
les occupations, le tracas incessant de la
vie dans le monde ; mais le travail, une
existence occupée ne sont pas des obstacles insurmontables, pourvu que l'on
veuille bien choisir ses moments, pourvu
que l'on consente à consacrer quelquefois
un peu plus de temps aux exercices de
piété et que l'on s'applique, plus qu'à

l'ordinaire, au recueillement et à la prière.

On objecte encore : — que l'on n'a jamais fait de retraite, — que l'on ignore ce que c'est, quelle méthode il faut suivre pour en profiter ; il semble que ce soit une chose non-seulement difficile, mais impossible. — C'est précisément pour détruire ces prétextes, pour faire connaître la retraite, la rendre possible, facile même, très-facile pour tout le monde, que nous donnons deux méthodes, l'une de la retraite du mois, l'autre de la retraite annuelle. Il suffira d'un peu de bonne volonté pour réussir, puisque tout est indiqué, et que l'âme y est conduite pas à pas, comme par la main, sans avoir aucune fatigue à supporter. — La plus simple expérience pourra démontrer la vérité de ce que nous avançons.

MÉTHODE POUR LA RETRAITE DU MOIS

Cette méthode renferme et vous indique ce que vous avez à faire :

1º — La veille de la retraite.
2º — Le jour même,
3º — Enfin le lendemain de la retraite.

I. — La veille de la retraite.

1. — *Recommandez cette retraite* à Dieu, à Notre-Seigneur, à la sainte Vierge et à saint Joseph par quelques prières spéciales faites à cette intention. — Si vous le pouvez, entendez dans la même intention la sainte messe, et récitez en particulier le *Veni Creator*, le *Souvenez-vous* et une invocation à saint Joseph.

2.— Dans cette journée, faites quelques

petits sacrifices pour attirer la grâce de
Dieu sur votre retraite du lendemain ; rien
n'est plus efficace pour préparer une âme
à recevoir les dons célestes que d'unir la
mortification à la prière.

3. — Commencez déjà à vous recueillir
doucement, sans effort, en pensant à Dieu
plus souvent que d'ordinaire, et, à cet effet, adressez-lui des oraisons jaculatoires
plus fréquentes. Le soir surtout, préparez
plus soigneusement votre sujet d'oraison ;
puis endormez-vous dans de saintes pensées.

Il serait utile, ce jour-là, de faire une
bonne confession, bien préparée, accompagnée d'une vive contrition et d'un ferme
propos, tout à fait comme s'il s'agissait
de mourir aussitôt après ; vous pourriez
ainsi recevoir la sainte communion le lendemain.

II. — Le jour de la retraite

1. — *A votre réveil*, faites, le plus dévotement possible, le signe de la croix et invoquez les saints noms de *Jésus, Marie, Joseph*. — Offrez tout ce jour à Dieu, pensez qu'il vous est donné pour mettre ordre aux affaires de votre âme, que ce peut être le dernier de votre vie, ou du moins, qu'il vous faut l'employer comme si la mort devait vous frapper le soir même.

Commencez par vous recueillir mieux que de coutume avant votre prière, vous préparant ainsi sérieusement à faire une bonne et excellente méditation. Ecartez dès les premiers instants tout ce qui vous pourrait distraire ou préoccuper.

2. — *Prière-Méditation*. Faites vos prières et votre méditation dès le matin, autant que possible, et avec la plus grande attention. — C'est l'exercice fondamental: toute la journée en dépend.

Pour sujet d'oraison, prenez celui qui conviendra le mieux à l'état présent, aux besoins actuels de votre âme, par exemple : *les fins dernières* de l'homme, — *l'abus des grâces*, — *la pureté d'intention* dans toutes vos actions, — *la nécessité de servir Dieu* et de travailler à votre perfection ; — ou bien quelqu'une des vertus que vous sentez vous être le plus nécessaires, comme l'humilité, — la charité, — la patience, — la soumission à la volonté de Dieu, etc...; — ou encore quelque obligation particulière de votre état..., — les dangers de l'habitude, de la routine, de la tiédeur, du péché, etc... surtout des occasions dans lesquelles vous pouvez être engagée.

Si vous prévoyez qu'il vous sera impossible de faire dans la soirée la préparation à la mort, vous la ferez dès le matin; elle remplacera votre oraison; — vous remettrez seulement à la fin de la journée les deux actes qui terminent cet exercice important.

3. — *Sainte messe et communion.* Entendez la sainte messe avec toute la foi et la piété dont vous êtes capable; unissez-vous intimement par la pensée au prêtre et surtout à Notre-Seigneur, avec lequel vous vous offrirez corps et âme à la divine Majesté. — Suivez ce jour-là la méthode qui rappelle la Passion du Sauveur. (Voyez plus haut page 151).

Faites la sainte communion avec les dispositions que vous désireriez avoir s'il vous fallait, immédiatement après, paraître devant Dieu, et rendre compte de toute votre vie, de toutes les grâces que vous avez reçues, principalement de toutes vos communions. — Donnez-vous, abandonnez-vous à Notre-Seigneur, afin que ce ne soit plus vous qui viviez, mais lui en vous. — Vous demanderez en particulier à Dieu la grâce d'une mort chrétienne.

12

4. — *Pendant la journée*, vous tâcherez de faire tous vos exercices de piété
habituels avec plus de recueillement et de
ferveur que de coutume, et aussi de
mieux remplir vos devoirs d'état.

Si ce jour de retraite est le dimanche,
vous assisterez à tous les offices et vous
emploierez le reste du temps à de bonnes
lectures... — S'il se trouve en semaine,
vous vous livrerez à vos occupations ordinaires, à moins que vous ne soyez complétement libre .et maîtresse de vous-
même; mais dans un cas comme dans
l'autre, vous éviterez les conversations
inutiles et tout ce qui pourrait vous dissiper.

Profitez de quelques moments de liberté pour faire avec soin la *revue de
l'âme*, afin de voir exactement, sans illusion, comme aussi sans scrupule, où
vous en êtes avec Dieu, avec le prochain,
avec vous-même, — si vous remplissez,

et comment vous remplissez vos devoirs
de religion et d'état, — si vous êtes fidèle à vos résolutions, — si vous com-
battez vos défauts, — enfin si vous avancez ou non dans la perfection.

Pour bien faire cette revue, de laquelle
dépend le succès de votre retraite, vous
emploierez les moyens suivants :

1° Lire doucement et avec réflexion
chaque point du règlement de vie qui est
à la fin de ce petit manuel (page 262).

2° Relire, si vous les avez écrites, les
résolutions que vous avez dû prendre dans
vos retraites précédentes, surtout dans
votre dernière retraite annuelle. — Vous
marquerez avec soin *en quoi* vous avez
manqué à ces résolutions et quelles ont
été *les causes* de ces manquements.

3° Enfin vous parcourrez les trois premiers articles de la *revue de l'âme*
exposée ci-après dans la méthode pour
la retraite annuelle (page 203).

Vous terminerez ce petit examen :

En demandant humblement pardon à Dieu de toutes les fautes que vous au-rez remarquées ;

En prenant des résolutions précises, bien déterminées, etc... (Voyez page 256). ou bien en *reprenant* vos résolutions pré-cédentes, mais avec une nouvelle énergie et fermeté de volonté ;

Enfin *en récitant* quelques prières, à la sainte Vierge et à saint Joseph, sous la protection desquels vous mettrez ces ré-solutions.

Il serait bon, si vous le pouviez, d'é-crire quelques mots résumant ces mêmes résolutions ainsi que vos impressions pen-dant cette retraite ; vous auriez ainsi sur un petit cahier secret (bien entendu), toute l'histoire intérieure de votre âme. Ces notes vous seraient d'un grand secours · pour les retraites suivantes ; vous pourriez **ainsi plus facilement** voir si vous avancez ou reculez, réveiller votre cœur endormi, affadi, etc... et même en certains moments résister victorieusement à bien des tentations.

4° *Dans la soirée*, tâchez de prendre un quart d'heure et même une demi-heure pour faire sérieusement la préparation à la mort par la méditation et les deux actes qui suivent :

Préparation à la mort (1)

Retirez-vous dans un lieu tranquille, et là, oubliant toutes les créatures, mettez-vous à genoux devant un crucifix, et faites les réflexions suivantes :

Imaginez-vous que c'est maintenant l'heure de votre mort ; que votre bon ange vient vous dire, comme autrefois le prophète à Ezéchias : *Votre temps est*

(1) Tirée du Manuel de piété à l'usage des séminaires.

fini, mettez ordre à vos affaires ; vous allez mourir.

Ne craignez pas de vous familiariser avec la pensée de la mort : plus vous y songerez, plus ses horreurs diminueront pour vous. Loin donc de repousser cette idée, tâchez de vous en pénétrer vivement, et répétez en vous-même : *je dois mourir.*

PREMIÈRE RÉFLEXION : Qu'est-ce que mourir ?

Je mourrai ! c'est-à-dire : — 1° je quitterai tout, tout sans exception... je quitterai mes parents, mes amis, ma famille ; je leur dirai un éternel adieu... je quitterai ma maison, mes meubles, mes terres, tout ce qui m'appartient... je laisserai absolument tout... Quelles sont les choses auxquelles je tiens davantage ?... Je les quitterai comme tout le reste. — Tu es saisie d'effroi, ô mon âme, à la pensée de cet abandon universel !... Il le faudra pourtant !... Hélas ! quelle

folie de s'attacher à ce qui passe si vite!...
Je me suis donné bien de la peine pour
acquérir ce que je possède, et il faut tout
quitter!..

Je mourrai! c'est-à-dire: —2° mon âme
quittera mon corps; dès lors il sera un
objet importun dont mes parents et mes
amis eux-mêmes ne chercheront qu'à se
débarrasser..... on l'enfoncera dans la
terre... là, que deviendra-t-il, ce corps
qui m'occupe tant?... Que deviendront
ces pieds, ces mains, cette tête?... Que je
suis donc insensé de tant flatter ce qui
bientôt ne sera plus que pourriture et que
cendre! Que je suis insensée d'exposer pour
lui mon âme, mon éternité!... Alors pen-
sera-t-on encore beaucoup à moi parmi les
hommes? Hélas, on songe peu aux morts!
Qui est-ce qui se souvient aujourd'hui de
tel ou de telle que j'ai vus mourir?.....
Oh! que l'estime des hommes est peu de
chose!

Je mourrai ! c'est-à-dire : — 3° mon âme
ira paraître au jugement de Dieu ! O moment redoutable ! Me trouver seule en
présence de Dieu !... Être interrogée sur
toute ma vie par un Dieu souverainement
juste ! souverainement éclairé ! souverainement ennemi du péché et alors sans miséricorde !...

DEUXIÈME RÉFLEXION : Quand et comment
mourrai-je ?

Combien ai-je encore à vivre ? Je n'en
sais rien ; on meurt à tout âge... Aurai-je
du temps pour me préparer à la mort ? Je
n'en sais rien... Je sais seulement que
beaucoup de personnes, même après une
longue maladie, meurent au moment
qu'elles s'y attendent le moins. — Re-
cevrai-je les derniers sacrements , ou
mourrai-je sans confession ?... Je n'en sais
rien... je puis perdre la parole tout d'un
coup. D'ailleurs, quand on est malade, de
quoi est-on capable ? Quelle folie de comp-

ter sur ce dernier moment quand il s'a-
git d'une éternité !

TROISIÈME RÉFLEXION : Suis-je prête à mourir ?

S'il me fallait mourir à cette heure,
suis-prête ? Suis-je prête à tout quitter ?
Suis-je prête surtout à paraître au jugement de Dieu ?... N'y a-t-il rien qui
m'inquiète ?..... Ma conscience est-elle
parfaitement tranquille ?... N'ai-je rien à
craindre pour mes confessions ?..... mes
communions ?.... l'accomplissement des
devoirs de mon état ?.. Quelle imprudence
de vivre dans un état où je ne voudrais
pas mourir !

Après vous être arrêtée le plus longtemps que vous pourrez sur ces pensées
utiles, et avoir pris les résolutions qu'elles
doivent vous inspirer, vous réciterez avec
piété les deux prières suivantes, en te-
nant en main votre crucifix.

Acte de résignation à la mort, qu'on doit faire le jour de la retraite du mois, avant de se mettre au lit.

Souverain Maître de la vie et de la mort, ô Dieu, qui, par un arrêt immuable et pour punir le péché, avez arrêté que tous les hommes mourraient une fois, me voici prosternée humblement devant vous, résignée à subir cette loi de votre justice. Je déplore, dans l'amertume de mon âme, tous les crimes que j'ai commis. Pécheresse rebelle, j'ai mérité mille fois la mort ; je l'accepte en expiation de tant de fautes ; je l'accepte par obéissance à vos adorables volontés; je l'accepte en union avec la mort de mon Sauveur..... Que je meure donc, ô mon Dieu, dans le temps, dans le lieu, de la manière qu'il vous plaira de l'ordonner ! Je profiterai du temps que votre miséricorde me laissera pour me détacher de ce monde où je n'ai que quelques instants à passer, pour

rompre tous les liens qui m'attachent à
cette terre d'exil, et pour préparer mon
âme à vos terribles jugements... Je m'a-
bandonne sans réserve entre les mains de
votre providence toujours paternelle ;
que votre volonté soit faite en tout et
toujours. Ainsi soit-il.

*Prière pour demander la grâce d'une bonne
mort.*

Prosternée devant le trône de votre
adorable Majesté, je viens vous demander, ô mon Dieu, la dernière de toutes les
grâces, la grâce d'une *bonne mort !* Quelque mauvais usage que j'aie fait de la vie
que vous m'avez donnée, accordez-moi de
la bien finir et de mourir dans votre
amour.

Que je meure comme les saints Pa-
triarches, quittant sans regret cette vallée
de larmes pour aller jouir du repos éternel dans ma véritable patrie !

Que je meure comme le bienheureux saint Joseph, entre les bras de Jésus et de Marie, en répétant ces doux noms que j'espère bénir pendant toute l'éternité !

Que je meure comme la très-sainte Vierge, embrasée de l'amour le plus pur, brûlant du désir de me réunir à l'unique objet de toutes mes affections.

Que je meure comme Jésus sur la croix, dans les sentiments les plus vifs de haine pour le péché, d'amour pour mon Père céleste et de résignation au milieu des souffrances.

Père saint, je remets mon âme entre vos mains ; faites-moi miséricorde !

Jésus, qui êtes mort pour mon amour, accordez-moi la grâce de mourir dans votre amour !

Sainte Marie, mère de Dieu, priez pour moi, pauvre pécheresse, maintenant et à l'heure de ma mort !

Ange du ciel, fidèle gardien de mon

âme, grands saints et saintes que Dieu m'a donnés pour protecteurs, ne m'abandonnez pas à l'heure de ma mort !

Saint Joseph, obtenez-moi, par votre intercession, que je meure de la mort des justes. Ainsi soit-il.

Après ce sérieux exercice, vous vous livrerez au repos, vous abandonnant complétement à la sainte volonté de Dieu, à la garde de la sainte Vierge et de votre bon ange, et répétant les invocations suprêmes : *Seigneur, je remets mon âme entre vos mains. — Jésus, Marie, Joseph,* ayez pitié de moi !

III. — Le lendemain.

1° — Vous pourrez faire votre méditation sur la reconnaissance que vous devez à Dieu pour tous ses bienfaits, en particulier pour celui de la retraite... ou bien sur la nécessité d'exécuter vos résolutions... ou sur tout autre sujet...

2° — Si vous le pouvez, vous entendrez la sainte messe en action de grâces, et vous réciterez le *Te Deum* ou tout autre prière de remerciement, avant de sortir de l'église.

3° — Vous vous mettrez ensuite à l'œuvre avec ardeur et modération tout à la fois, afin de mieux servir Dieu et travailler courageusement à votre sanctification pendant le mois que vous allez commencer.

Méthode pour la retraite annuelle

Cette méthode consiste à savoir ce que vous avez à faire :

1° — *Avant la retraite* pour vous y préparer.

2° — *Pendant la retraite* pour la bien faire.

3° — *Après la retraite* pour en conserver les fruits.

PREMIERE PARTIE

AVANT LA RETRAITE. — PRÉPARATION.

S'il est jamais nécessaire de se préparer à quelque action sérieuse pendant la vie, c'est bien de se préparer à la *retraite annuelle,* une des actions les plus importantes, les plus saintes, une des grâces les plus décisives pour le salut de votre âme.

Vous vous y préparerez donc :

1° — *Par la prière*. Quelque temps avant la retraite, demandez instamment à Notre-Seigneur dans vos prières, à l'oraison, surtout lorsque vous ferez la sainte communion, demandez à ce divin Sauveur de préparer lui-même votre âme à cette grande action. Implorez les lumières du Saint-Esprit, recourez à la sainte Vierge, à saint Joseph, à votre bon ange, à vos saints patrons, etc...

Il serait très-bon de réciter pendant neuf jours avant l'ouverture de la retraite le *Veni Creator* et le *Souvenez-vous*, une fois chaque jour.

2° — *Par une vigilance* plus grande sur vous-même, pour éviter plus soigneusement le péché et vous mieux appliquer à l'accomplissement de tous vos devoirs, principalement de vos exercices de piété. — Loin de se relâcher en disant qu'on se relèvera à la retraite, il faut au contraire tâcher de se rendre moins indigne de cette grâce, en montrant au bon Dieu de la bonne volonté et en s'appliquant déjà à corriger ses défauts.

3° — *Par le calme* dans lequel il faut tâcher de mettre votre âme; si vous vous troublez et vous inquiétez, vous courez grand risque de manquer votre retraite.

Ainsi, éloignez, autant que possible, toute pensée de peines, de chagrins... toute préoccupation... — surtout n'écoutez pas les répugnances que la retraite peut vous inspirer, ne craignez rien, soyez ferme et Dieu fera le reste.

4° — *En vous proposant un but.* — En toutes choses il faut voir le but, la fin que l'on veut atteindre, ce pourquo on agit. — Ne vous proposez pas dans votre retraite de goûter le repos intérieur, les douceurs spirituelles. Cette intention n'est pas assez pure ; d'autant plus que la

13

retraite demande un travail sérieux de
l'âme sur elle-même, par conséquent, de
la peine, de la fatigue et parfois beaucoup de sacrifices.

Consultez votre confesseur et proposez-
vous, par exemple : l'extirpation de tel
ou tel défaut, l'acquisition de telle ou telle
vertu, suivant les besoins de votre âme ;
n'oubliez pas surtout le *défaut dominant*,
si vous le connaissez déjà... proposez vous
encore : de mettre ordre à votre conscience,
si vous avez des inquiétudes et des *doutes
fondés* sur le passé ;—de réorganiser votre
âme et votre vie spirituelle; — d'abandonner le péché, ou de sortir de la tiédeur.

En un mot examinez devant Dieu ce
qui vous est nécessaire pour le bien servir, ce qu'il demande de vous ; — que
ce soit là le but de votre retraite; dirigez
tous vos efforts de ce côté; ainsi vous
préparerez et assurez les fruits de votre
retraite.

5° — *Enfin en vous mettant* dans la disposition de faire *avec générosité* tout ce que le bon Dieu pourra exiger de vous : aveux pénibles, sacrifices qui coûtent à la nature, éloignement de telle ou telle occasion.... etc.

Ne mettez point de bornes à votre abandon, et Dieu n'en mettra point à ses grâces.

Il faut, dès le premier moment de la retraite, y entrer tout entière. Il n'y a plus rien au monde que Dieu et vous ; *restez seule avec Dieu seul.* — Eloignez tout ce qui pourrait préoccuper votre esprit et le distraire de sa grande et unique affaire. — *Être et se maintenir calme,* voilà une condition essentielle pour une bonne retraite.

Donc, observez-en scrupuleusement le règlement : — ne laissez pas aller vos yeux de côté et d'autre ; — soyez modeste sans aucune affectation ; — observez exac-

tement le silence. — En récréation, il
faut une gaieté modérée, sans dissipation,
ni curiosité, ni discussions, surtout sans
manquements de charité.

Tâchez de penser souvent au bon Dieu
et d'élever votre cœur vers lui ; multi-
pliez les oraisons jaculatoires et les saintes
affections. — C'est dans ces jours surtout
qu'il est nécessaire de réaliser cette parole de Notre-Seigneur : *Il faut toujours
prier et ne jamais se lasser.* — Appliquez-vous en même temps à écouter la
voix de Dieu au fond de votre cœur ; ce
sera tantôt une bonne pensée, tantôt un
remords, une parole frappante dans une
instruction, etc... — Maintenez-vous toujours dans la disposition d'obéir géné-
reusement à ces saintes inspirations et de
faire tout ce qu'elles demanderont de
vous.

Employez tout ce que vous avez d'attention, d'énergie et de bonne volonté à

suivre, exactement et dans l'ordre marqué, chacun des exercices de la retraite,
car l'obéissance dispose le cœur à recevoir les grâces de Dieu. Dans les instructions, cherchez avant tout ce qui se peut
appliquer aux besoins et aux dispositions
de votre âme, ce qui peut la ramener à
Dieu ou l'affermir davantage dans son
service. — Agir autrement ce serait suivre souvent les inspirations de l'amour-
propre et de la curiosité, et mettre obs-
tacle à l'action de la grâce.

Cependant point d'efforts pénibles, pas
de travail d'imagination qui surexcite et
ne produit que trouble et illusion ; —
défiez-vous, dans une certaine mesure, de
la trop grande impression que vous peuvent faire quelques sujets effrayants comme *la mort, le jugement, l'enfer, l'abus
des grâces*, etc... Il faut méditer ces sujets pour réveiller votre foi et ranimer
en vous la crainte de Dieu ainsi que l'hor-

reur du péché ; — mais ce serait une chose nuisible si ces vérités sévères vous jetaient dans le découragement et l'anxiété.

S'il vous arrive d'être trop troublée, allez trouver votre confesseur.

III. — Temps libres.

Après chaque exercice, et dans les temps libres, goûtez à loisir les vérités qui vous ont le plus frappée, les plus pratiques, les plus utiles pour vous. Méditez-les sérieusement en votre cœur, afin qu'elles s'y gravent profondément et produisent en vous de fortes résolutions, une vie plus chrétienne. — La réforme de votre caractère, la lutte contre vos défauts, surtout contre votre défaut dominant, telle vertu, tel sacrifice, etc... ; voilà ce que Dieu demande de vous, ce qui est le plus important et exige toute votre attention.

Notez et écrivez, si vous le pouvez, les

bonnes impressions que vous éprouvez, ce qui vous aura frappée davantage ou vous aura paru le plus utile. — Vous pourrez relire toutes ces notes plus tard, par exemple en faisant votre retraite du mois, et vous en retirerez un grand profit.

Si c'est possible, faites quelques *visites au Très-Saint Sacrement ;* allez vous entretenir avec Notre-Seigneur, exposez-lui les besoins de votre âme, demandez-lui ses grâces. — Quelques *bonnes lectures* reposeraient votre esprit ; — le *travail* offert à Dieu peut sanctifier le temps sans distraire ni dissiper, lorsqu'on est obligé de travailler.

IV. — Confession. — Revue.

· La retraite est destinée à remettre l'ordre dans les consciences, à délivrer les âmes de la tyrannie du péché, à les purifier de plus en plus, les ramener de

la tiédeur à la ferveur, les éclairer, re-
dresser tout ce qui pourrait être illusion, etc... Or, pour atteindre ce but si
multiple, il faut *se connaître et se faire
connaître* complétement.

Pour se bien faire connaître, une confession, quelque détaillée qu'elle soit, ne
peut suffire ; il faut une revue *à fond* de
l'âme tout entière, c'est-à-dire qu'il faut
exposer en toute simplicité *le bien*
comme *le mal* : — *le mal*, afin de le
combattre et de le détruire; *le bien*, afin
de le contrôler, de le perfectionner. Combien d'âmes sont dans l'illusion et perdent tout mérite! Combien font mal le
bien qu'elles veulent faire! Que de fois
un amour-propre secret, un esprit mal
dirigé font perdre tout le prix des meil-
leures actions! — Dans cette revue, dire
le bien que l'on croit faire, n'est pas un
acte contraire à l'humilité, bien loin de là.

« Dans une retraite un peu longue, de

huit jours, par exemple, il ne faut point,
dit sainte Chantal, s'occuper de sa confession dès le premier jour, il faut employer
les premiers moments à bien tout ra-
masser et à calmer son âme devant Dieu,
afin que, par après, comme dans une eau
bien rassise, exposée à ce beau soleil de
justice, l'on voie clairement le fond. »

Néanmoins il sera bon que vous voyiez
votre confesseur, le plus tôt possible, afin
d'arrêter avec lui ce que vous devez faire
pendant votre retraite. — Choisissez, en
toute liberté, ce confesseur, car si vous
êtes gênée sur ce point, vous courez
risque de ne point profiter autant de la
retraite. — Si votre âme est dans le
trouble ou l'anxiété, s'il y a quelque
chose qui pèse sur votre cœur, ouvrez-
vous-en librement de suite, car vous aurez ensuite plus de facilité pour vous recueillir et vous occuper de Dieu ; sans cela

vous perdrez un temps précieux, tout en souffrant beaucoup et inutilement.

Voici maintenant comment vous pouvez faire cette revue de votre âme; vous n'aurez qu'à répondre franchement et simplement à chaque question.

Revue de l'âme

Tout ce qui regarde les dispositions et l'état tant passé que présent de l'âme peut se rattacher à quatre points principaux :

1° — Exercices de piété. — Sacrements.

2° — Devoirs d'état.

3° — Rapports avec le prochain.

4° — Dispositions intérieures de l'âme.

Le dernier point est le plus important il s'explique en partie par les trois qui précèdent ; l'aide du confesseur le rendra même facile.

ARTICLE I. — EXERCICES DE PIÉTÉ. — SACREMENTS.

Suivez ici les différents articles du règlement de vie qui se trouve à la fin de ce volume :

1° — Lever.

Avez-vous été fidèle à vous lever, autant que possible, à une heure réglée ?

Avez-vous suivi seulement votre caprice ou plutôt écouté la paresse ?

La journée dépend souvent de la manière dont est faite cette première action.

Avez-vous, en vous levant, fait le signe de la croix, élevé votre cœur vers le bon Dieu ?

Lui avez-vous offert, par les mains de la sainte Vierge, vos pensées, vos paroles, vos actions, votre travail de la journée ?

Lui avez-vous offert vos ennuis et vos peines en expiation de vos péchés, et en union avec les souffrances de Notre-Seigneur ?

Avez-vous renouvelé de temps en temps l'intention de gagner les indulgences attachées aux prières ou aux œuvres que vous pouvez faire ?

Avez-vous imploré le secours de la grâce et la bénédiction de Dieu sur tout ce que vous alliez faire?

En un mot votre lever a-t-il été chrétien?

2° — Prières vocales.

Vous êtes-vous *appliquée* à bien prier? — ou bien, faites-vous vos prières par routine, par habitude, sans désir de les bien faire?

Avez-vous tâché avant de commencer vos prières de vous y préparer en vous recueillant pendant quelques minutes, afin d'écarter les préoccupations et les pensées étrangères?

Vous êtes-vous mise en la présence de Dieu, en pensant que Dieu vous écoutait, et que c'était à lui-même que vous alliez parler?

Avez-vous récité vos prières *lentement* ou avec précipitation?

Les avez-vous récitées *avec attention*, pensant à ce que vous disiez? — ou bien n'avez-vous pas pensé à tout autre chose ou même à rien?

Les avez-vous récitées *avec cœur, avec âme*, en élevant votre esprit et votre cœur vers Dieu?

Ces questions n'ont pas pour seul objet la prière du matin, mais toutes vos prières vocales.

3° — Oraison — Méditation ou Lecture méditée.

Préparation éloignée.

Vous êtes-vous préparée à l'oraison par une vie fervente, recueillie... vous appliquant au soin de votre perfection?

Vous y êtes-vous aussi préparée par une vie mortifiée? — sans mortification, pas d'oraison.

Avez-vous demandé à Notre-Seigneur le don d'oraison?

Vous y êtes-vous proposée une intention pure, la gloire de Dieu et votre sanctification, et non point votre propre satisfaction?

Préparation prochaine.

Avez-vous lu ou entendu lire chaque soir le sujet d'oraison du lendemain?

Avez-vous essayé de déterminer, au moins d'une manière suffisante, le sujet de votre oraison, quelques idées principales et quelques résolutions à prendre?

Y avez-vous pensé le soir avant de vous endormir, le matin après votre réveil, ou en vous habillant?

Avez-vous tâché de garder le silence, au moins le silence intérieur, en éloignant déjà toute préoccupation qui pourrait ensuite vous distraire dans l'oraison?

Oraison ou méditation elle-même.

Avez-vous essayé de méditer un peu

avec ou sans livre ? — Ne vous êtes-vous
pas découragée parce que vous ne réussis-
siez pas assez vite et comme vous le dé-
siriez ?

Combien de temps consacrez-vous à la
méditation ? — Est-ce toujours le même
temps ? — N'en retranchez-vous pas plus
ou moins, suivant votre caprice, l'ennui
ou le manque d'énergie ?

Avez-vous suivi quelque méthode dans
votre oraison ou méditation ? — ou bien
vous êtes-vous abandonnée à vos propres
inspirations, ce qui est le moyen de ne
rien faire ?

Vous êtes-vous bien mise en la présence
de Dieu en commençant ? Vous êtes-vous
humiliée lui demandant pardon de vos
fautes ? Avez-vous demandé avec ferveur
les lumières du Saint-Esprit, et imploré
l'assistance de la sainte Vierge ?

Avez-vous ensuite lu attentivement
quelques passages d'un bon livre, essayant

de réfléchir, de vous appliquer à vous-même ce que vous lisiez, reconnaissant vos fautes ou vos manquements, les détestant, promettant de mieux faire, remerciant Dieu des grâces qu'il vous a faites, etc... enfin vous entretenant avec Notre-Seigneur comme sainte Thérèse et saint François de Sales nous y engagent? (Voyez plus haut : Oraison d'après ces deux saints.)

Avez-vous fait cet exercice avec tiédeur, lâcheté? — Vous laissant aller à l'engourdissement, au sommeil, à l'inaction?

Ne donnez-vous pas trop de temps à la réflexion, sans faire de retours sur vous-même, sans aucun acte ni sentiment qui parte du cœur.

Avez-vous *parlé* au bon Dieu ? — Ecoutez-vous sa voix au fond de votre âme?

14

Distractions. — Résolutions.

Avez-vous donné occasion aux distractions par une vie mondaine, légère, dissipée? ou bien en faisant votre oraison ou méditation sans énergie, sans application?

Comment vous êtes-vous conduite à l'égard des distractions? — Les avez-vous combattues lorsque vous vous en êtes aperçue, en détournant doucement votre esprit et le ramenant à Dieu, en vous humiliant, en continuant votre oraison, sans vous étonner, ni vous troubler, ni vous décourager?

Dans les moments de *sécheresse*, ne vous êtes-vous pas dégoûtée, désolée? Avez-vous tâché de vous maintenir en la présence de Dieu, bien humble sous sa main, résignée à sa volonté, prenant un livre, employant les autres moyens indiqués dans la méthode?

Avez-vous pris des résolutions, pensant
que c'est là le but et le fruit de l'oraison? — En avez-vous pris un trop grand
nombre? — Ont-elles été précises, pratiques?

Y avez-vous ensuite pensé dans la
journée pour les exécuter?

Avez-vous fait l'*Examen de prévoyance*, afin de connaître à l'avance ce
que vous pouviez avoir à faire, à supporter... les occasions de pratiquer la
vertu, etc.?

Enfin, avez-vous terminé votre oraison
en demandant pardon à Dieu de vos négligences pendant cet exercice, en remerciant Notre-Seigneur des bonnes pensées
et des sentiments qu'il a pu vous inspirer?

Demandez-vous à Dieu la grâce de
savoir et de pouvoir bien prier, mais sans
chercher à réussir pour être contente de
vous?

4° — Sainte Messe

Avez-vous assisté à la messe non-seulement les dimanches et les fêtes d'obligation, mais toutes les fois que vous l'avez pu commodément?

Comment y avez-vous assisté? — Etes-vous arrivée avant l'Evangile? — Vous êtes-vous unie au prêtre et à Notre-Seigneur dès le commencement? — Etes-vous sortie ou avez-vous été distraite volontairement pendant les parties essentielles du saint sacrifice : *l'Offertoire, la Consécration, la Communion?*

Avez-vous été attentive, au moins de manière à suivre les principales parties, l'ensemble de la messe?

Quelle méthode suivez-vous pour entendre la messe? — Méditez-vous pendant la sainte messe? — On le peut pourvu qu'on s'unisse au prêtre dès le commencement et surtout à l'Offertoire, à la Consécration et à la Communion. (Voyez plus haut la Méthode pour entendre la messe.)

Vous y êtes-vous dissipée ? — Avez-vous ri, causé, examiné avec curiosité ce qui se passait autour de vous : celle-ci, celle-là, les toilettes, etc. ?

Y avez-vous assisté avec foi, recueillement et comme si vous aviez été sur le Calvaire au pied de la croix de Notre-Seigneur ? — Entrant dans les fins du sacrifice, etc. ?

5° — Souvenir et pensée de Dieu pendant la journée

Avez-vous tâché, dans la journée, de vous rappeler le souvenir, la pensée du bon Dieu ? — Lui avez-vous offert de nouveau et le plus souvent possible votre cœur, votre travail, toutes vos actions, même les plus indifférentes ?

Avez-vous employé quelques-uns des

moyens indiqués pour cet effet dans le règlement? (Voyez à la fin du volume.)

6° — Silence

Avez-vous essayé de vous imposer volontairement quelques heures de silence dans la journée pour recueillir et calmer votre âme?

Avez-vous habituellement fait quelques sacrifices du côté de la langue, retenant des paroles inutiles, évitant des conversations dissipantes, etc...?

7° — Lecture de piété

Avez-vous fait, chaque jour et à une heure déterminée, autant qu'il vous a été possible, quelques minutes de lecture de piété, afin de nourrir votre âme, de l'éclairer, de l'animer et de la préparer ainsi de loin à l'oraison et à la vie surnaturelle?

Vous appliquez-vous à bien comprendre ces lectures, à en tirer profit en retenant ce qui vous a frappée et vous efforçant de le mettre en pratique?

8° — Visite au Saint-Sacrement

Avez-vous fait quelques visites à Notre-Seigneur dans le Très-Saint Sacrement, lorsque vos occupations vous l'ont permis? — Comment les avez-vous faites?

9° — Chapelet

Avez-vous été fidèle à réciter, chaque jour, au moins une dizaine de chapelet? — Comment l'avez-vous récitée? — Faites-vous attention aux prières qui composent le chapelet, ou méditez-vous les mystères du *Rosaire* pour occuper saintement votre esprit?

10° — Prière du soir — Examen de conscience

Comment faites-vous votre prière du soir? — N'est-ce pas moitié endormie ou même dans votre lit ?

Comment faites-vous votre examen de conscience? — Ne l'avez-vous pas souvent omis ? — Ne l'avez-vous pas fait rapidement, vaguement, superficiellement, sans entrer dans les détails de votre journée? Avez-vous pu vous rendre compte, au moins, des fautes notables, s'il y en a ?

Avez-vous même compris l'importance de cet exercice ?

Avez-vous fait ensuite un bon acte de contrition ? Vous êtes-vous proposé de mieux faire le lendemain ?

(Faites-vous les mêmes questions sur les autres examens.)

11° — Sanctification du Dimanche

Comment avez-vous sanctifié le dimanche? — Avez-vous bien entendu la messe comme il a été dit plus haut?

N'avez-vous pas travaillé le dimanche sans une vraie nécessité?

Avez-vous, ce jour-là surtout, lorsque l'occasion s'est présentée, fait quelque bonne œuvre, quelque acte de charité?

12° — Examen particulier, — Retraite du mois

Avez-vous fait chaque jour votre examen particulier sur un défaut ou une vertu prise à part? Quel fruit en avez-vous retiré?

Avez-vous fait chaque mois une petite retraite, afin de renouveler vos bonnes résolutions, relire votre règlement, remettre votre âme en l'état où elle était au sortir de la retraite annuelle?

Avez-vous suivi quelque méthode pour ces deux exercices ?

Sacrements

Quels motifs vous ont portée à recevoir les sacrements ? — Est-ce *par respect humain*, pour faire comme les autres — parce que sans cela on vous remarquerait, blâmerait, etc. ? — N'est-ce pas *par amour-propre* pour paraître aussi pieuse et même plus pieuse que les autres ?

N'est-ce pas par routine, par habitude ? — Ou bien est-ce pour le bien de votre âme et pour être agréable à Dieu ?

Confession

1° — *Examen de conscience.*

N'êtes-vous pas allée vous confesser sans avoir fait votre examen de conscience, ou, peut-être, après en avoir fait un tout superficiel ?

Avez-vous commencé par demander au

Saint-Esprit qu'il vous éclaire, vous aide
à connaître vos fautes, à les bien accuser,
— à vous en donner la contrition et à
vous en corriger ?

Combien de temps avez-vous mis à cet
examen ?

Avez-vous examiné les choses à fond ,
— les pensées, les intentions surtout, ce
qu'il y a eu de réellement volontaire en
chaque faute; car c'est la volonté qui fait
le péché, non pas l'impression, le sentiment, ni l'imagination ?

Avez-vous employé un temps convenable à demander *la contrition* et à vous
y exciter? — Avez-vous détesté vos péchés par la considération des motifs surnaturels de contrition ?

Vous êtes-vous rappelée, *en général
seulement*, quelque faute passée plus grave
pour vous mieux exciter à la contrition,
et dont vous vous accusez en confession
pour plus de sûreté ? — N'avez-vous pas

omis souvent le bon propos de travailler à ne plus offenser Dieu ?

2° — *Accusation des fautes.*

Comment avez-vous accusé vos fautes ?
— L'avez-vous fait simplement, à cœur
ouvert, avec le désir de vous faire connaître sans craindre l'humiliation?—*Clairement et brièvement* tout à la fois ?

Sans cacher vos fautes, avez-vous bien
dit tout ce qui vous gênait la conscience ?

N'y a-t-il pas là encore quelque chose
que vous n'osez pas, que vous ne voulez
pas dire, vous persuadant sans raison suffisante que ce n'est rien, tandis que ce
peut être important, que cela vous ôte la
paix et vous empêche de vous donner
tout entière à Dieu ?

N'avez-vous pas, au contraire, craint
mal à propos de n'en jamais dire assez ?
vous troublant, vous tourmentant sans
raison ?

Avez-vous été tentée de revenir tou-

jours sur les confessions précédentes, de
vouloir les recommencer, malgré la dé-
fense de votre confesseur ?

Avez-vous parlé des *fautes* des autres
sans nécessité ?

Avez-vous répondu simplement, sincè-
rement aux questions que le confesseur a
jugé à propos de vous adresser ?

Vous êtes-vous contentée d'une confession plus ou moins bien faite, sans jamais
demander, ni même vouloir de direction;
quoique rien ne soit ordinairement plus
utile ?

Etes-vous gênée avec votre confesseur ? — Cette gêne est-elle allée jusqu'à
troubler, et peut-être gravement, votre
conscience ? — S'il en est ainsi, reprenez,
si c'est l'avis de votre confesseur de retraite, vos confessions, et changez de confesseur après la retraite.

Dans l'accusation de vos fautes, avez-
vous bien dit, *autant que possible*, l'es-

pèce, le nombre et les circonstances essentielles de chaque péché ?

Ne vous êtes-vous pas troublée parce que votre confesseur ne voulait pas vous laisser dire tout ce que vous vouliez ?

Pendant que le confesseur vous parlait et même pendant qu'il vous donnait l'absolution, ne vous êtes-vous pas tourmentée, cherchant à vous rappeler des fautes que vous croyiez n'avoir pas accusées ou craignant de n'avoir pas bien dit, etc. ?

— Toutes choses qu'il faut éviter ; lorsqu'on a dit ce qu'on savait, comme on le savait, il n'y a plus rien à craindre, rien à chercher.

3° — *Après la confession.*

Avez-vous remercié le bon Dieu de la grâce de la sainte absolution ?

Avez-vous bien fait, le plus tôt possible, la pénitence qui vous a été imposée ?

Avez-vous pris des résolutions suivant les avis qui vous ont été donnés ?

Une fois sortie du confessionnal n'avez-vous pas encore cherché si vous aviez bien dit toutes vos fautes, vous inquiétant mal à propos, au lieu d'abandonner tout avec confiance à la bonté de Dieu ?

Avez-vous obéi aux ordres de votre confesseur ? — Avez-vous prié le bon Dieu de l'éclairer pour vous conduire dans la voie du salut ?

Avez-vous parlé de confession, de confesseur, de ce qui vous a été dit en confession, etc. ? Toutes choses extrêmement nuisibles et blâmables.

Vous êtes-vous entretenue des confessions des autres, vous occupant de savoir à qui elles s'adressent, si elles se confessent plus ou moins souvent ? — Si elles restent plus ou moins longtemps au saint tribunal, etc., etc. ?

Communion

1° — *Préparation.*

Vous êtes-vous préparée à la sainte

communion ? N'avez-vous pas fait cette grande action comme une action ordinaire ?

Y avez-vous pensé la veille? Avez-vous fait quelques prières à Notre-Seigneur, et à la sainte Vierge, les priant de préparer eux-mêmes votre cœur ?

Avez-vous fait quelques petits sacrifices pour vous préparer vous-même à ce divin Sacrement? Vous êtes-vous, dans la même intention, appliquée à mieux faire toutes choses et à fuir les moindres fautes ?

Vous êtes-vous proposé une intention dans vos communions ? Par exemple : d'obtenir telle grâce, de surmonter telle tentation, de combattre tel défaut, d'acquérir telle vertu, etc... ?

2° — *Action de grâces.*

Comment avez-vous employé ces instants si précieux? — Avez-vous suivi quelque méthode pour faire votre action de grâces ?

L'avez-vous faite avec tiédeur, dissipation, ou bien avec soin et ferveur ?

Avez-vous demandé les grâces dont vous aviez besoin, surtout la victoire sur vos défauts, sur votre caractère, etc...

Avez-vous prié pour vos bienfaiteurs, quels qu'ils soient, pour les personnes auxquelles vous vous intéressez ou dont vous êtes chargée ?

Avez-vous pris ou renouvelé quelques résolutions à la fin ?

Pendant la journée, vous-êtes vous rappelé la communion du matin ? Avez-vous fait quelques sacrifices en action de grâces, surtout pour mieux vous vaincre, mieux accomplir vos devoirs ordinaires, etc...?

Quels fruits avez-vous retirés de tant de communions, de si grandes grâces ?

ARTICLE II. — DEVOIRS D'ÉTAT

Vos devoirs d'état sont les devoirs spéciaux que vous impose la condition, la position dans laquelle vous vous trouvez.

1° — Demeurez-vous chez vos parents ?

Respectez-vous vos père et mère ? — Leur obéissez-vous ? Avez-vous pour les avis qu'ils vous donnent toute la déférence et la soumission convenables ?

Ne leur avez-vous pas souvent désobéi, résisté ? — N'avez-vous pas murmuré contre eux ? témoigné de l'humeur, etc. ?

Avez-vous pour eux l'affection, les prévenances, l'attention et les soins que vous leur devez ?

N'avez-vous pas été au contraire sans affection, sans dévouement pour eux ?

Supportez-vous et cachez-vous leurs défauts ?

Leur venez-vous en aide dans leurs besoins, leurs maladies, par votre travail et votre sollicitude ?

2° — Êtes-vous domestique ?

Avez-vous pour vos maître et maîtresse le respect et la déférence que vous leur devez, — et cela par devoir, par un motif de foi?

Comment leur obéissez-vous ? N'est-ce pas à contre-cœur, de mauvaise grâce, en murmurant, en les maudissant, eux et leurs ordres ?

Avez-vous pris les intérêts de vos maîtres comme les vôtres? — Ne leur avez-vous pas fait quelque tort par votre négligence, ou vous faisant, par une industrie blâmable, quelque gain qui blesse la justice?

N'avez-vous pas mal employé votre temps qui leur appartient? — Peut-être même vous avez cru pouvoir faire des exercices de piété lorsqu'il fallait ou travailler ou garder la maison, etc... C'est là une dévotion mal entendue.

Ne vous êtes-vous pas plainte, sans grande raison, du caractère de vos maîtres, de leur manière d'agir, de vous traiter et de vous commander? — et cela souvent en exagérant les choses et en ne vous inspirant que de vos mécontentements?

N'avez-vous pas parlé indiscrètement de leurs affaires, de leurs défauts, etc... et fait ainsi des médisances et quelquefois des calomnies très-graves?

N'avez-vous pas péché par trop de complaisance pour eux en faisant ou vous laissant faire des choses condamnées par la loi de Dieu et votre conscience, causes souvent de déshonneur et de damnation ?

Etes-vous dans une place où de mauvaises occasions peuvent vous faire perdre toute religion, toute vertu? — Dites
sur ce point tout ce qu'il en est, car il
faut, avant tout, sauver votre âme.

Y a-t-il plusieurs autres domestiques,
hommes ou femmes, dans la maison? Comment vous conduisez-vous à l'égard de
tous ? — N'avez-vous pas à vous reprocher votre peu de réserve, une légèreté
compromettante, peut-être même des
choses plus graves ? — Sondez votre
cœur et ôtez-en tout ce qui pourrait dé-
plaire à Dieu.

N'y-a-t-il pas souvent entre vous, dé-
saccord, antipathie, jalousie, mécontentements, etc.. d'où proviennent : la mauvaise humeur, des plaintes, des paroles
amères et blessantes, des médisances,
des calomnies, des délations, etc., etc. ?

Avez-vous tâché d'éviter tous ces excès et de donner à tous le bon exemple ?

3° — Êtes-vous ouvrière, journalière ?

Quel emploi faites-vous de votre temps lorsque vous travaillez à la journée chez les autres ? — Travaillez-vous sérieusement, consciencieusement, comme pour vous-même ?

Ne vous ménagez-vous pas dans votre travail des profits qui sont contre la justice ?

Ne trouvez-vous pas chez les personnes qui vous prennent en journée des occasions dangereuses, qui vous portent à offenser Dieu ? Quelles sont ces occasions ? Les évitez-vous ?

Si vous exercez une profession spéciale, examinez-vous sur les devoirs particuliers qu'elle vous impose.

4° — Êtes-vous libre, maîtresse de vous-même ?

Comment employez-vous votre temps ?

— Ne le perdez-vous pas dans l'oisiveté, à aller de côté et d'autre ? — dans des conversations inutiles, indiscrètes, curieuses, contraires à la charité ?

Vous appliquez-vous à quelques bonnes œuvres, que vous permettent et votre position et la libre disposition de vos moments ? — ou bien, ne pensant qu'à vous, ne cherchez-vous que votre bien-être et votre tranquillité, sans faire de bien à personne ?

Avez-vous quelque règlement qui régularise vos actions ordinaires ? — Ou bien, votre vie s'écoule-t-elle à l'aventure, sans ordre, sans règle, comme sans profit ?

Ne suivez-vous que les inspirations de vos goûts, de vos caprices, de vos impressions inconstantes, d'où résulte pour vous l'ennui et surtout l'absence complète de vertus chrétiennes ?

Si vous êtes engagée dans les liens du mariage ou dans la vie religieuse, examinez-vous sérieusement et d'une manière

particulière sur les devoirs spéciaux de
ces états.

5° — Avez-vous d'autres personnes à commander, à conduire ?

Avez-vous tâché, en commandant,
d'unir la douceur et la bonté à la fermeté ?

N'avez-vous pas parlé à vos inférieurs
avec aigreur et hauteur ? — ne leur avez-
vous pas adressé des paroles blessantes et
sentant le mépris ?

Avez-vous cherché à connaître leur caractère, leurs inclinations, leurs bons et
leurs mauvais côtés, afin de les amener
doucement à ce que vous leur demandez?

N'avez-vous pas écouté, en les reprenant, les inspirations de votre antipathie,
de votre mécontentement? — N'avez-
vous pas suivi l'impulsion de la vivacité,
de la colère et de certaines petites pas-

sions qui vous mettaient un peu hors de
vous-même ?

Avez-vous été sobre de paroles en
cette occasion, parlant peu et d'un ton
calme, modéré, attendant que vos impressions fussent passées ?

Vous êtes-vous appliquée à supporter
leurs défauts, tout en essayant, avec prudence et charité, de les en corriger ? —
Avez-vous prié pour eux et à cette intention ?

N'y a-t-il pas eu dans votre manière
d'agir à leur égard beaucoup de caprice,
ou au moins d'inégalité ? — N'avez-vous
pas d'un moment à l'autre passé de la
sévérité outrée à la familiarité, au laisser-aller ?

N'avez-vous pas, *sans raison évidente*,
montré des préférences capables d'exciter
entre eux la jalousie et de semer la divi-
sion ?

ARTICLE III. — RAPPORT AVEC LE PROCHAIN.

1° — Avez-vous à vous reprocher d'avoir souvent mal pensé du prochain? — de l'avoir mal jugé, peut-être d'une manière grave sans raisons suffisantes?

N'avez-vous pas fait bien des jugements téméraires, — interprétant en mal les actions des autres, leurs paroles, leurs démarches, et jusqu'à leurs intentions?

Avez-vous méprisé les autres dans votre pensée?

Avez-vous nourri dans votre cœur des sentiments d'antipathie, de jalousie, de vengeance, de haine, etc. ?

Avez-vous pardonné réellement du fond du cœur aux personnes qui vous ont offensée, même gravement offensée?

Avez-vous au contraire conservé du ressentiment, de l'aversion pour ces personnes? — La leur avez-vous fait sentir en ne leur parlant pas, ne les saluant pas, — par vos manières, — en leur refusant des services, — peut-être même en leur souhaitant du mal?

Vous êtes-vous réjouie lorsque les autres n'ont pas réussi dans leurs entreprises, lorsqu'ils ont éprouvé quelque peine, quelque malheur?

Vous êtes-vous attristée de leur bonheur, de leurs succès?

Vous êtes-vous arrêtée à ces pensées, à ces divers sentiments volontairement, d'une manière réfléchie? — Ou bien tout cela a-t-il été involontaire, ne faisant que traverser votre esprit?

2° — N'avez-vous pas souvent et gravement blessé la charité dans vos *paroles?*

Avez-vous communiqué aux autres, *sans raisons suffisantes,* vos pensées défavorables, vos jugements et vos soup-

çons plus ou moins téméraires et in-
justes?

Vous êtes-vous occupée malignement à
observer la conduite, les paroles et les
actions des autres pour les critiquer, les
blâmer, vous en moquer et les tourner
en ridicule?

N'y a-t-il pas eu d'ailleurs dans vos
paroles beaucoup d'irréflexion, d'imprudence, d'indiscrétion?

N'avez-vous pas été ainsi la cause de
bien des désagréments et pour les autres
et pour vous-même?

Avez-vous *médit* de votre prochain,
faisant connaître *sans raisons vraiment
suffisantes* le mal que vous connaissiez
de lui?

Avez-vous fait de ces médisances importantes qui pouvaient nuire beaucoup
à sa réputation et lui faire tort?

Avez-vous fait ces médisances devant
plusieurs personnes? — devant combien

environ? — ces personnes connaissaient-
elles déjà le mal dont vous avez parlé,
ou le leur avez-vous appris?

Avez-vous *calomnié* votre prochain,
disant de lui du mal que vous saviez bien
n'être pas véritable — ou dont vous n'é-
tiez pas sûre? — Etait-ce grave ou non?
devant combien de personnes environ?

Quel motif vous a portée à médire du
prochain ou à le calomnier? — Etait-ce
l'indiscrétion, la démangeaison de parler,
le manque de réflexion? — ou bien était-
ce la méchanceté, quelque pointe de malice, etc.? — N'était-ce pas parce que
telle personne ne vous allait pas — ou encore par antipathie, jalousie, vengeance?

Il faut aller au fond et voir les causes
de vos fautes, afin de les déraciner; —
sondez cette plaie de votre cœur; bien
des personnes soi-disant dévotes se font
beaucoup d'illusions et très-peu de scru-
pules sur ce point.

N'avez-vous pas prêté une oreille com-
plaisante et curieuse à des paroles contraires à la charité ? — surtout si les cri-
tiques, médisances, etc..., étaient conformes à vos propres pensées et à vos
petites passions ?

Avez-vous pris plaisir volontairement
à jouir de cette satisfaction blâmable ? —
Avez-vous essayé de défendre le prochain autant que vous l'avez pu ? — Avez-
vous empêché les manquements à la charité lorsque vous le pouviez, et surtout
lorsque vous le deviez ?

N'avez-vous pas au contraire attisé le
feu par quelques paroles malignes, par
des questions adroites et curieuses, et
causé ainsi, au moins en grande partie,
les fautes des autres ?

Avez-vous fait sur les autres des rapports faux et mensongers pour les accuser et les compromettre ?

Avez-vous reporté à telle personne ce que

telle autre avait dit d'elle devant vous, — et jeté ainsi la discorde dans les cœurs ?

Avez-vous fait connaître les choses que l'on vous avait confiées sous le secret ou qui, *par leur nature seule*, demandaient de vous un secret absolu ?

Avez-vous contesté, disputé avec d'autres personnes ? — leur avez-vous dit des paroles blessantes, injurieuses ou de mépris ?

Avez-vous craint par jalousie et amour-propre de dire le bien que vous savez du prochain ?

Avez-vous l'habitude blâmable de ne chercher en tous ceux qui vous entourent ou vous approchent que le côté plaisant, ridicule ou qui prête à la plaisanterie, à la raillerie, et, en fin de compte, aux fautes opposées à la charité ?

3° — Avez-vous supporté — comment

avez-vous supporté les défauts du prochain ?

Avez-vous de l'indulgence, de la con-
descendance pour ses faiblesses, ses tra-
vers et même ses défauts (à moins que
vous ne soyez chargée de les corriger) ?

Vous êtes-vous impatientée, fâchée, ir-
ritée contre votre prochain ? — N'êtes-
vous pas, à cause de cela, tombée dans
bien des fautes ? Ne vous êtes-vous pas
rendue insupportable aux autres ?

Avez-vous rendu aux autres tous les
services qu'il vous a été possible de leur
rendre ? — L'avez-vous fait avec bonté,
empressement et une certaine prévenance
charitable ? — ou bien malgré vous et de
mauvaise grâce ?

Avez-vous refusé ces services parce que
vous ne voulez vous imposer aucune gêne
— parce que vous ne pensez qu'à vous, et
ne soignez que vous ; ce qui est entièrement
opposé à l'esprit de l'Evangile ?

ARTICLE IV. — DISPOSITIONS INTÉRIEURES DE L'AME

On ne peut qu'indiquer ici ce que suppose le titre de cet article. — Chaque personne devra rentrer en elle-même, — réfléchir et prier beaucoup — consulter son confesseur, — répondre simplement à ses questions — et lui faire connaître tout ce qu'elle *a de bien* ou *de mal* dans l'âme, dans le fond le plus intime de son cœur. — C'est le seul moyen, avons-nous dit, de retirer du fruit de cette revue.

Du reste l'examen des trois premiers articles rend facile, très-facile même celui-ci ; on pourra aussi lire et méditer utilement, à cet effet, le LIV chapitre du IIIᵉ livre de l'*Imitation de Jésus-Christ*.

1. — Pensées de l'esprit

Quelle est la direction *ordinaire* de vos pensées, de vos intentions ? — se portent-elles vers Dieu ? — vers les créatures, les

16

choses de la terre? — ou vers vous-
même, cherchant votre intérêt, ce qui
vous plaît, ce qui flatte vos inclinations, etc...?

Avez-vous *l'esprit chrétien,* c'est-à-
dire jugez-vous toute chose au point de
vue de la foi, comme Notre-Seigneur, la
sainte Vierge et les saints ont jugé? — d'a-
près l'Evangile, par rapport à l'éternité?

N'avez-vous pas au contraire l'*esprit
du monde,* jugeant tout comme les mondains, d'une manière plus ou moins op-
posée aux maximes de l'Evangile?

Veillez-vous sur les pensées de votre
esprit pour en écarter les inutiles, les
dangereuses et peut-être les mauvaises?

Veillez-vous sur *votre imagination,*
pour mettre un frein à ses écarts si fu-
nestes lorsqu'on s'y laisse aller?

Vous défiez-vous de vos impressions
lorsque vous vous sentez émue, troublée,
ennuyée, mécontente, etc.?

Attendez-vous alors que le calme se soit fait dans votre âme pour parler, agir, prendre un parti quelconque? — Avez-vous alors demandé conseil pour ne pas vous en rapporter à vous seule et faire des démarches inconsidérées?

II. — Affections du cœur

Quels sont les objets de vos affections? — Est-ce le bon Dieu? — les créatures plus que Dieu ne le permet? — ou bien est-ce-vous même? En un mot, à qui et à quoi vous attachez-vous?

Veillez-vous sur les inclinations et les affections de votre cœur? — Le tenez-vous en bride par la prière et une volonté ferme pour qu'il ne vous entraîne pas hors des limites du permis?

Vos amitiés sont-elles pures, chrétiennes, surnaturelles, — ou bien naturelles, mondaines, blâmables?

Quelle vigilance exercez-vous sur vos

sens qui sont les portes de l'âme, du cœur surtout ? — Veillez-vous sur vos yeux par une modestie simple, aisée, naturelle, sans ridicule ni affectation ?

Faites-vous quelques mortifications dis-crètes et réglées par l'obéissance ? — Ne recherchez-vous pas trop vos aises ? — Ne craignez-vous pas trop ce qui peut vous gêner un peu ? — Mortifiez-vous surtout la curiosité ?

Il est impossible de maintenir son ima-gination et de garder son cœur si l'on ne veille constamment sur ses sens.

III. — Paroles

Avez-vous veillé sur vos paroles rela-tivement à la charité, comme il a été dit plus haut en parlant des rapports avec le prochain ?

Avez-vous pris l'habitude de réfléchir avant de parler et non pas seulement lorsque les paroles étaient dites ?

Avez-vous aimé à parler de vous-même
— de ce que vous avez fait ou pas fait,
de ce que vous aviez dit ou non, etc... par
amour-propre ?

Avez-vous essayé de mêler quelques
mots édifiants dans vos conversations ? —
et cela, bien entendu, avec simplicité,
prudence et discrétion, — non pour vous
montrer plus pieuse et plus parfaite que
les autres ?

Avez-vous au contraire pris part aux
mauvais discours ? — Avez-vous pris plaisir à entendre et à dire des paroles équi-
voques ou même déshonnêtes, etc. ?

Avez-vous donné un libre cours à votre
langue, parlant de tous et de tout sans
retenue, ni discrétion ?

IV. — Actions

Quelles sont vos intentions en agissant ?
— sont-elles naturelles ou surnaturelles ?
ou bien n'en avez-vous aucune de bien

déterminée ? — Est-ce votre nature, votre
activité propre, la nécessité qui vous
poussent, — ou bien est-ce le désir de
faire votre devoir et d'accomplir la volonté
de Dieu ?

Agissez-vous par amour-propre afin
qu'on soit content de vous ? — Est-ce par
crainte, par habitude ?... Vous tourmen-
tez-vous de ce qu'on pensera, de ce qu'on
dira de ce que vous faites ?...

Agissez-vous avec calme, modération,
ou bien avec précipitation, empressement ? Faites-vous les choses seulement
à peu près, ou bien le mieux que vous
pouvez pour Dieu ?

N'agissez-vous pas avec paresse, non-
chalance, ennui, dégoût etc. ?

V. — Caractère

Quel est votre caractère ? — Est-il vif,
emporté, colère, ou bien, lent, endormi,
— ardent ou calme, — opiniâtre, atta-

ché à ses idées, à sa volonté, ne voulant
jamais céder ni plier, ou bien, modéré,
facile, flexible, accommodant, conciliant?

Est-il sensible, impressionnable, s'attachant facilement, ou bien, froid, insensible, indifférent ?

Est-il triste, chagrin, mélancolique,
porté à la mauvaise humeur, boudeur, à
charge à soi-même et aux autres ? — ou
bien, gai, enjoué, porté à la dissipation et
à la légèreté ?

Est-il timide, défiant, soupçonneux,
craintif, peu communicatif, ou bien, con-
fiant, ferme, ouvert ?

Est-il inconstant, changeant à toute
heure, ou bien, constant, égal ?

Quels efforts avez-vous faits, quels
moyens employez-vous pour réformer
votre caractère ?

Toutes ces questions sont de la plus
grande importance, à cause de l'influence
que le caractère exerce sur toute notre

vie et sur la piété elle-même, et c'est ce
dont on ne parle presque jamais.

VI. — Défauts. — Tentations

Quelles sont vos inclinations mauvaises,
vos défauts ?

Ici on ne peut entrer dans tous les détails, que chacune réfléchisse devant Dieu.

Quel est votre défaut dominant ? —
Est-ce l'amour-propre ? — la suscepti-
bilité qui en dérive ? — la sensualité ?
— La paresse, etc. ? — la vanité, l'amour
de la toilette ?

Avez-vous combattu vos défauts ? —
Comment les avez-vous combattus ?

Quels progrès avez-vous faits dans cette
lutte ? — N'avez-vous pas reculé au lieu
d'avancer ?

Quelles sont vos tentations ? — Une
tentation découverte est une tentation à
demi vaincue.

Comment vous conduisez-vous dans
vos tentations ? — Résistez-vous ? —
comment ? est-ce avec énergie ou lâcheté ? — Priez-vous le bon Dieu, la
sainte Vierge, votre ange gardien de
vous aider, de vous secourir ?

Vous troublez-vous, vous découragez-
vous, parce que la victoire se fait attendre ? — Oubliez-vous que ce n'est pas un
péché que d'être tenté ? — Qu'il n'y a de
péché que lorsque l'on *veut, réellement,
le sachant bien, avec pleine réflexion,*
une *chose gravement mauvaise ?*

Ne manquez-vous pas de confiance en
Dieu ? — Ne vous laissez-vous pas aller
à la désolation, au désespoir de réussir,
au lieu de continuer de combattre avec
résolution et persévérance ?

VII. — Attraits de la grâce. — Vertus

Quels sont les bons attraits, les bonnes
inspirations que Dieu met en votre âme ?

— Aimez-vous l'humilité, le renoncement à vous-même, l'obéissance, la charité, l'indulgence pour le prochain ?

Aimez-vous la prière, la solitude, l'éloignement des plaisirs du monde ? — Préférez-vous à ces plaisirs les pratiques et les joies de la piété ?

Avez-vous, et comment avez-vous répondu aux grâces de Dieu ? — Avez-vous écouté sa voix au fond de votre cœur ? — Avez-vous obéi à cette voix ? — Avez-vous fait les sacrifices qu'il vous a demandés ? — Lesquels ? — Ne lui avez-vous pas résisté bien des fois ?

N'y a-t-il pas présentement dans votre cœur quelque chose que le bon Dieu vous demande de sacrifier ? — N'est-ce pas là ce qui vous empêche d'avancer ? — ce qui met la gêne dans votre âme ? — ce qui la rend tiède et languissante ?

Quels progrès avez-vous faits dans *la vertu ?* — en particulier dans les vertus

qui vous sont plus nécessaires ? — Quels
efforts avez-vous faits pour les acquérir?
— N'avez-vous pas essayé un peu, d'a-
bord, puis laissé tout aller, après quelques velléités?

Dans ce moment, êtes-vous dans *la tiédeur* ou dans la ferveur ? — Ceci ne se
détermine pas par le goût qu'on a pour
les choses de la piété, mais par la fermeté
de la volonté, par la générosité et la
constante application à faire avec promp-
titude ce que le bon Dieu demande de vous.

En un mot, travaillez-vous, et comment
travaillez-vous à votre perfection ? —
Quels progrès y faites-vous?

VIII. — Caractère de la piété

En quoi mettez-vous la perfection, la
piété, la dévotion ?

Est-ce seulement dans quelques pratiques extérieures ? — dans la réception
plus fréquente des sacrements ? — dans

un certain recueillement qui touche à la singularité ? — dans une certaine ferveur sensible qui passe vite et jette tant d'âmes dans l'illusion la plus étrange ?

Est-ce dans la pratique de telle ou telle vertu conforme à votre caractère, à votre tempérament et qui ne demande de vous aucun effort, aucun sacrifice ?

Ou bien, est-ce dans la pratique des vertus réelles de l'Evangile ? — dans l'accomplissement parfait et continuel de la volonté de Dieu ? — dans l'immolation de vous-même par la pratique du renoncement et du sacrifice pour la gloire de Dieu et non pour votre propre satisfaction..., etc. ?

A la fin ou dans le cours de votre *revue,* votre confesseur vous indiquera, ou vous le prierez de vous indiquer, *autant que possible :*

1° *Votre défaut dominant,* ainsi que

vos autres défauts et ce que vous avez à faire pour les combattre et les déraciner peu à peu de votre âme.

2° *Les vertus* qui doivent spécialement appeler votre attention et vos efforts ; car pour tous il y a toujours certaines vertus qui sont plus nécessaires que les autres.

3 *Les résolutions* que vous aurez à prendre dans votre retraite et dont il sera parlé plus loin.

Votre revue terminée, remerciez le bon Dieu des lumières qu'il vous a données sur l'état de votre âme, de la paix et de la tranquillité que cette revue, quand elle est bien faite, répand dans les cœurs. Proposez-vous de bien correspondre à cette grande grâce en travaillant davantage à votre perfection dans l'avenir.

Après la revue, qui doit être faite le plus tôt possible, suivez doucement chaque exercice de la retraite, vous laissant conduire par la règle et l'esprit de Dieu. — Ne vous préoccupez point de ce que vous avez dit ou pas dit dans cette revue qui est en même temps une confession. Abandonnez tout à la divine miséricorde qui ne demande que la bonne volonté.

S'il vous revient à la mémoire quelque chose d'important, ou quelque inquiétude qui vous trouble beaucoup, voyez un instant votre confesseur et tout sera fini.

— Ou bien, si vous n'en êtes pas beaucoup troublée, attendez jusqu'à la dernière confession; mais ne vous fatiguez pas à chercher ceci ou cela; c'est plus qu'inutile, car le démon en profiterait pour vous faire perdre la paix et le fruit de la retraite.

Vers la fin de la retraite, préparez-vous doucement à bien recevoir la sainte absolution, en demandant au bon Dieu par l'intercession de la très-sainte Vierge

une vive contrition de vos fautes et le
plus ferme propos de ne plus commettre
le péché.

La veille de la clôture, faites la confession des fautes commises depuis la dernière fois que vous avez reçu la sainte absolution, à moins que vous n'ayez fait
cette confession au commencement même
de la retraite. (Il faut en effet commencer par là quand on a quelque chose qui
inquiète ou qui coûte à dire, afin de ne
pas être gênée pendant tout le temps que
durent ces saints exercices).

Accusez de nouveau, *en général seulement*, toutes les fautes déjà accusées
dans votre revue ; — écoutez en paix et
avec une humble docilité les derniers avis
de votre confesseur. — Jetez-vous en
esprit au pied de la croix du divin Sauveur et faites de tout votre cœur, comme
si vous alliez, un instant après, paraître

devant le souverain Juge, faites le plus fervent acte de contrition dont vous êtes capable, pendant que le prêtre vous donne la sainte absolution.

Préparez-vous ensuite par le recueillement, la prière, l'union à Dieu et à la sainte Vierge, à faire une bonne communion. — Puis goûtez la joie, le calme, et la paix ; — rendez à Dieu de vives actions de grâces et évitez la dissipation. — Soyez aussi et même plus fidèle au règlement de la retraite qu'auparavant.

Résolutions

1° *Nécessité des résolutions.* Il faut en prendre, car c'est là le but et le fruit de la retraite. Une retraite sans résolutions, c'est un arbre qui n'a que des fleurs et point de fruits : la piété consiste surtout dans la pratique, dans des actes de vertu ; or, cela est déterminé par les résolutions.

On peut les prendre dans le cours de la retraite , suivant les lumières que l'on y reçoit, ou le dernier jour; peu importe , pourvu qu'on en prenne.

2° *Qualités des résolutions*. Evitez les résolutions vagues , indéterminées, trop générales , comme par exemple : d'être bien fervente, d'aimer bien le bon Dieu , d'être une bonne chrétienne, etc... Ces résolutions sont presque inutiles parce qu'elles n'indiquent rien en particulier et laissent à l'âme une trop grande incertitude et liberté.

Prenez des résolutions précises, bien déterminées, s'appliquant aux besoins présents de votre âme, suivant votre caractère, vos inclinations, vos défauts, votre état, etc... Proposez-vous, par exemple :

— De mieux faire tel exercice de piété que vous négligez.

— De mieux observer tel point de votre règlement de vie.

17

— De combattre tel défaut, *surtout le dominant.*

— De pratiquer telle ou telle vertu dont vous avez senti davantage la nécessité.

— Indiquez chaque chose par son nom et d'une manière bien précise.

3° *Il faut exécuter les résolutions.* Rien de plus évident, puisque sans cela elles sont inutiles ; cependant il ne faudrait pas cesser d'en prendre, par la raison qu'on ne les pratique pas ; ce serait une illusion grossière. — Il faut toujours en prendre, il faut toujours les renouveler, jusqu'à ce qu'on ait le courage de les mettre en pratique.

Pour les exécuter, il faut en garder le souvenir; or, si vous les confiez seulement à votre mémoire, vous les oublierez facilement. — Ecrivez-les et conservez-les soigneusement; si vous craignez de les perdre ou que d'autres ne viennent à les lire, écrivez-les de manière à pouvoir seule les comprendre.

Relisez, rappelez-vous souvent ces résolutions, principalement quand vous relisez votre règlement, chaque mois pendant votre petite retraite, ou quand vous sentirez le laisser-aller, la tiédeur gagner votre âme.

Soyez généreuse, n'ayez point peur qu'il vous en coûte, et Dieu vous bénira, vous récompensera au centuple.

Mettez vos résolutions sous la protection de la très-sainte Vierge, demandez-lui qu'elle vous obtienne la force, chrétienne et l'esprit de sacrifice. — Terminez votre retraite en vous consacrant et vous abandonnant tout entière à cette bonne Mère; donnez-lui tout ce que vous êtes, tout ce que vous avez, afin qu'étant devenue *sa propriété*, elle soit en quelque sorte obligée de vous défendre et de vous sauver.

TROISIÈME PARTIE

Après la retraite

1°—Défiez-vous de la dissipation; la na‑
ture comprimée tend à se relâcher comme
si elle était débarrassée d'un joug importun et même à aller plus loin que de coutume. — Tâchez de vous maintenir, sans
contrainte, dans le recueillement, tout en
vous délassant et vous dilatant. — Veillez sur vos sens, sur votre imagination,
sur votre esprit, sur votre cœur, pour
vous habituer à rester maîtresse de vous-
même.

2° — Employez quelques jours à remer-
cier le bon Dieu de toutes les grâces qu'il
vous a faites dans la retraite; on oublie
trop souvent ce point important. — Il serait même bon de réciter chaque jour
pendant neuf jours le *Te Deum* et le *Sou-*

venez-vous, et de faire toutes vos actions et quelques petits sacrifices à cette intention.

3° — Voici quelques moyens pour conserver les fruits de la retraite :

Une grande horreur du péché, — éviter même les fautes les plus légères ;

Le souvenir de la présence de Dieu ;

L'union constante à Notre-Seigneur par la sainte Vierge ;

Une fidélité généreuse à observer un règlement de vie, comme celui qui suit;

La fréquentation régulière et fervente des sacrements de Pénitence et d'Eucharistie.

RÈGLEMENT DE VIE

pour

LES PERSONNES DU MONDE

Tous les saints, toutes les âmes pieuses proclament cette vérité, que si l'on veut être fidèle et vivre en bon et parfait chrétien, il faut avoir le courage de mettre de l'ordre dans sa conduite et ses actions, en un mot, de s'imposer un règlement et de l'observer scrupuleusement.

En conséquence, je prends en ce moment la résolution la plus ferme de me soumettre au règlement qui suit, et de faire tout ce qu'il me marque pour — chaque jour — chaque semaine — chaque mois et chaque année.

Article Ier. — Chaque jour

I. Le matin.

1° — *Lever.* Je me lèverai toujours à une heure *réglée*, suivant ma position, mes occupations et ma santé. Jamais je ne suivrai en ce point les inspirations du caprice ou de la paresse.

Après le *signe de la croix*, après l'élévation de mon cœur vers le bon Dieu, je lui offrirai par les mains de la sainte Vierge mes pensées, mes paroles, mes actions et surtout mon travail de la journée. J'offrirai aussi à l'avance, en les unissant à celles de *Notre-Seigneur*, toutes mes souffrances, toutes mes peines, en expiation de mes péchés de chaque jour.

Je demanderai instamment à Dieu sa grâce, sachant bien que je ne puis absolument rien sans son secours.

Enfin je renouvellerai de temps en temps l'intention de gagner les indulgences attachées aux différentes œuvres et prières que je pourrai faire dans la journée.

2° — *Prière vocale.* Je réciterai la prière du diocèse ou tout autre approuvée. Je ne ferai jamais une seule prière sans prendre auparavant quelques instants pour me recueillir, pour éloigner de mon esprit toute préoccupation de travail, d'affaires ou de conversation, surtout pour me mettre sérieusement en la présence de Dieu.

Je réciterai mes prières lentement, m'appliquant à comprendre et à goûter les paroles que je prononcerai, tâchant d'élever en même temps mon esprit et mon cœur vers Dieu.

J'éviterai la routine, la précipitation, la négligence et la lâcheté, qui font que l'on récite des mots sans penser à ce que

l'on dit. — Quand je m'apercevrai de mes distractions, je ramènerai doucement et sans trouble mon esprit au bon Dieu, je m'humilierai et reprendrai où il me semblera en être restée, sans jamais recommencer.

Ma prière sera peu longue, si le temps me manque, mais je tâcherai qu'elle soit toujours *bien faite;* je la terminerai en disant trois fois : *saint Joseph et sainte Anne priez pour nous.*

3' — *Méditation ou lecture méditée.* Si mes devoirs d'état me le permettent, je ferai chaque jour une petite méditation ou lecture méditée. Huit ou dix minutes, un quart d'heure, un temps même plus considérable seraient bien employés à cet exercice.

Je tâcherai, en même temps, de faire *un petit examen de prévoyance,* c'està-dire, de prévoir les occupations, les difficultés, les ennuis de la journée, et d'y préparer mon âme en prenant à cet effet quelques résolutions spéciales.

Que je fasse ces exercices ou que je ne les fasse point, je me proposerai toujours chaque matin une ou deux résolutions très-précises, bien déterminées, touchant quelque défaut à combattre, quelque vertu à pratiquer, principalement pour la réforme de mon caractère.

4° — *Sainte Messe.* J'assisterai au saint sacrifice de la messe, autant qu'il me sera possible.

Il n'y a point de précepte de l'Eglise qui oblige d'entendre la messe les jours ordinaires; mais je sais que chaque fois qu'on a le bonheur d'y assister, c'est un devoir de le faire avec foi, dévotion et respect; car c'est toujours le même sacrifice; c'est le même Dieu qui s'offre pour nous; il mérite toujours également notre amour et nos adorations.

II. — Pendant la journée.

1° — *Souvenir du bon Dieu.* Tous nos jours, toute notre vie doivent être à Dieu seul; en conséquence, je me rappellerai souvent dans la journée le souvenir de ce Dieu si bon; je me remettrai en sa présence et lui renouvellerai l'offrande de mes pensées, de mes paroles, de mes actions, de mes peines et de mon travail.

Moyens à employer pour cet effet : oraisons jaculatoires, — bénir l'heure qui sonne, — jeter les yeux sur un crucifix, sur une image de la sainte Vierge ou de quelque saint. — Une affliction, un ennui à supporter pourront servir également à me faire penser à Dieu.

2° — *Silence.* Je tâcherai de me réserver pendant la journée une heure ou deux de silence.

Cette pratique est excellente pour me

mortifier un peu, empêcher la trop grande dissipation de mon esprit, me recueillir et m'aider à rendre surnaturelles mes occupations les plus ordinaires.

3° — *Devoirs d'état*. Je m'appliquerai à remplir fidèlement, exactement, chrétiennement tous les devoirs de mon état. — Je comprends que, sans cette application, il n'y a point de vraie piété, mais une dévotion mal entendue, qui jette les âmes dans l'illusion, au lieu de les sanctifier, qui scandalise, au lieu de faire aimer la religion.

Je ne passerai presque pas un seul jour sans m'occuper, pendant quelques heures, d'un travail sérieux, suivant ma condition, afin de mettre un peu de gravité et de solidité dans mon esprit et le disposer ainsi au recueillement et à la prière.

4° — *Vertus chrétiennes*. Enfin je m'appliquerai à pratiquer suivant les occasions les vraies et fortes vertus de notre

sainte religion : — l'humilité. — l'obéissance,—la charité,—le zèle pour la sanctification du prochain, — la modestie,
— la discrétion dans mes paroles, etc...

Je sens aussi qu'il me serait très-utile
de m'accoutumer à faire beaucoup de petites mortifications, — comme de ne pas
dire telle parole inutile, de retenir tel
regard de curiosité, de me priver de
quelque petite chose dans mes repas, etc...

III. — Le soir.

1° — *Petite lecture spirituelle* de cinq
ou dix minutes, même d'un quart d'heure,
dans quelque bon livre de piété. — Choisir de préférence la vie et les ouvrages
des saints.

2°— *Visite au Très-Saint-Sacrement,*
autant que le permettent les devoirs
d'état.

3° — *Chapelet,* en entier, si c'est possible; sinon au moins une dizaine.

4ª — *Prière du soir.* Même conduite que pour celle du matin. — *Examen de conscience :* cet exercice est de la plus grande importance. — Je m'appliquerai à le faire sérieusement et non pas à la légère et d'une manière superficielle. Je me rappellerai mes principales actions de la journée pour me rendre compte de ce que j'ai fait soit *en mal* soit *en bien.*

Ensuite je garderai le silence et je m'endormirai dans de bonnes pensées, me recommandant au bon Dieu, à la sainte Vierge, à saint Joseph, à sainte Anne, à mon bon ange, etc.

Article II. — Chaque semaine

1º *Sanctification du dimanche.* Ce jour-là, je m'appliquerai à remplir tous mes devoirs de piété mieux encore qu'à l'ordinaire. — Le dimanche tout doit être pour Dieu et le salut des âmes.

Offices. Je tâcherai de donner le bon exemple en assistant avec dévotion aux offices et aux différents exercices en usage dans ma paroisse. — Jamais de travail défendu, à moins d'une *nécessité absolue*.

Actes de Charité. Je me reposerai du travail de la semaine en faisant quelques actes de charité; par exemple : en visitant quelques malades, consolant quelques personnes affligées, donnant *avec discrétion* de bons conseils. — Tout cela suivant les occasions.

Visites. — *Promenades*. — Comme il faut aussi quelque distraction, je visiterai le dimanche quelques compagnes pieuses et bien choisies. — Quelques heures seraient très-bien employées en promenades et conversations, pourvu que ce soit sans légèretés et surtout sans médisances.

2° — *Jour consacré à Marie*. J'aurai la plus tendre dévotion à la très-sainte

Vierge. — Je choisirai en particulier un jour chaque semaine pour offrir, par les mains de Marie, en esprit de réparation et d'expiation tout ce que je penserai, ferai et souffrirai pendant ce même jour.

Article III. — Chaque mois

1° *Réception des Sacrements. Je me confesserai* au moins une fois par mois, plus souvent même si mon directeur le juge à propos. — Quant à la sainte communion, je tâcherai de vivre de telle sorte que mon confesseur puisse me permettre de la faire souvent.

Autant les sacrements l'emportent sur les simples exercices de piété, autant je devrai mettre de soin et d'application à les bien recevoir. — En conséquence je penserai, à l'avance, à cette grande action; je ferai quelques prières, quelques petits sacrifices à cette intention, et je veillerai plus soigneusement sur moi-même.

Le jour où j'aurai eu le bonheur de recevoir Notre-Seigneur, j'éviterai la dissipation, je me rappellerai souvent cette
grande grâce dans le courant de la journée, et ferai encore quelques petits sacrifices, dans l'intention de témoigner ma
reconnaissance à notre divin Sauveur. —
Surtout je m'appliquerai à remplir avec
plus de fidélité *mes devoirs d'état*, ainsi
que mes obligations à l'égard du prochain.

Ici plus que partout ailleurs (on me l'a
répété bien des fois), jamais de routine
ni de motifs tout humains ; ainsi : je ne
me confesserai ni ne communierai jamais,
seulement parce que j'ai l'habitude de
le faire tel ou tel jour; parce que les
autres le font; parce que je serais remar-
quée, si je ne faisais pas comme tout le
monde, etc...

J'examinerai de temps en temps comment je me prépare à la réception des

18

sacrements, en particulier, comment je m'excite à la *contrition*, et quels fruits je retire de tant de grâces.

2° — *Retraite du mois, lecture du règlement*. — Chaque mois je prendrai un jour spécial pour relire ce règlement et mes résolutions de la retraite annuelle, si j'ai pu la faire. — Je tâcherai même de faire une petite retraite, suivant la méthode indiquée plus haut, m'y préparant comme il est marqué, rentrant en moi-même, examinant comment j'ai passé le mois écoulé, constatant les manquements et les infidélités dont je me serai rendue coupable, enfin demandant pardon à Dieu de mes négligences et de mes fautes, renouvelant mes résolutions, et surtout faisant sérieusement la préparation à la mort.

Cette petite retraite serait bien placée le premier dimanche de chaque mois.

Article IV. — Chaque année

Retraite annuelle. Chaque année, si ma position me le permet, je ferai une retraite de quatre à cinq jours.

Cet exercice, je le comprends, est nécessaire pour rentrer sérieusement en moi-même, mettre ordre à ma conscience, réparer les tristes effets de la lâcheté et de la négligence, retremper mon âme, la relever de ses chutes, reprendre de nouvelles et fortes résolutions, enfin pour faire de véritables progrès dans l'amour de Dieu.

Pour cela je m'attacherai à suivre de point en point la méthode proposée ci-dessus; je donnerai un soin tout particulier à la *revue de l'âme*, qui me semble le point essentiel d'une bonne retraite.

Hoc fac et vives.

Faites cela et vous vivrez.

PRIÈRE AVANT DE MONTER EN CHEMIN DE FER.

—

Kyrie eleyson. — Christe eleyson. — Kyrie eleyson.
Pater noster, etc.

V. Mitte nobis, Domine, auxilium de sancto,
R. Et de Sion tuere nos.
V. Angelis suis mandavit de te,
R. Ut custodiant te in omnibus viis tuis.
V. In manibus portabunt te;
R. Ne offendas ad lapidem pedem tuum.
V. Susceptor meus es tu et refugium meum,
R. Deus meus, sperabo in eum.
V. Tu es, Domine, spes mea,
R. Altissimum posuisti refugium tuum.
V. Salvos fac servos tuos,
R. Deus meus, sperantes in te.

Oremus.

Omnipotens et misericors Deus, qui mandasti angelis tuis ut nos regant et custodiant, manda eis ut nobis euntibus et redeuntibus comites se præstent assiduos; ut nos invisibili protectione obnubilent et pericula collisionis, incendii, explosionis, lapsûs ac vulnerum à nobis removeant; tandem nos ab omni malo, præsertim ab omni peccato illæsos ad cœlestem patriam perducant. Per Dominum nostrum Jesum-Christum. Amen.

Ave Maria. — Memorare.

PRIÈRE AVANT DE MONTER EN CHEMIN DE FER.

—

Seigneur ayez pitié de nous, — Jésus-Christ ayez pitié de nous, — Seigneur ayez pitié de nous. — Notre Père, etc.

V. Seigneur, envoyez-nous votre secours du sein de votre sanctuaire,

R. Veillez sur nous du haut de Sion.

V. Le Seigneur a ordonné à ses anges

R. De vous garder dans toutes vos voies.

V. Ils vous porteront dans leurs mains,

R De peur que votre pied ne heurte contre quelque pierre.

V. Seigneur vous êtes mon protecteur et mon réfuge.

R. Le Seigneur est mon Dieu et j'espérerai en lui.

V. Seigneur, vous êtes mon espérance.

R. Vous avez mis votre recours dans le Très-Haut.

V. Sauvez vos serviteurs,

R. O mon Dieu, vos serviteurs qui espèrent en vous.

Prions.

O Dieu tout puissant et miséricordieux qui avez ordonné à vos anges de nous conduire et de nous protéger, ordonnez-leur d'être nos compagnons assidus, depuis le départ jusqu'au retour, de nous couvrir de leur invisible protection, et d'éloigner de nous tous les dangers de collision, d'incendie, d'explosion, de chute et de blessures ; enfin, après nous avoir préservés de tout mal et surtout de tout péché, de nous conduire à la céleste patrie. Par Jésus-Christ Notre-Seigneur. Ainsi soit-il.

Je vous salue Marie. — Souvenez-vous.

TABLE DES MATIÈRES

L'ORAISON MENTALE D'APRÈS SAINT FRANÇOIS DE SALES

DES RETRAITES.

Paris. Imp. A.-E. Rochette, 72-80, b⁴ Montparnasse.

CPSIA information can be obtained
at www.ICGtesting.com
Printed in the USA
LVHW101216031219
639013LV00037B/228/P

9 780341 188612